나에게, 미안했다고 말해주세요

성경에서 만나는 내면아이

나에게, 미안했다고 말해주세요.
성경에서 만나는 내면아이

초판1쇄 발행 2022년 3월 4일

지은이	김승연
기획 편집	우지연
펴낸이	송희진
마케팅	스티븐jh
디자인	김선희
경영지원	박봉순 강운자

펴낸 곳	한사람
등록번호	제894-96-01106호
등록일자	2020년 2월 1일
주소	경기도 남양주시 평내동 171-1
홈페이지	https://hansarambook.modoo.at
블로그	https://blog.naver.com/pleasure20

ISBN 979-11-977001-2-5 (03230)
가격 21,000원

ⓒ 저자와의 협약으로 인지는 생략했습니다.
이 책의 저작권은 저자와 독점계약한 한사람 출판사에 있습니다.
무단전재와 무단복제를 금합니다.
잘못 만들어진 책은 구입하신 서점에서 바꿔드립니다.

나에게,
미안했다고 말해주세요

성경에서 만나는 내면아이

김승연 지음

차례

프롤로그 | 우리 마음에는 누구나 내면아이가 있습니다 /10

Part 01 사실 그때 괜찮지 않았어요

첫 번째 이야기 | 나의 마음속에 있는 운전자 '내면아이' /20
- □ 내면아이를 알아보는 10가지 키워드 /26
  - 다른 사람의 도움만 받으려고 합니다 /26
  - 감정조절이 약합니다 /28
  - 자기중심성이 지나치게 강합니다 /29
  - 다른 사람을 잘 믿지 못합니다 /31
  - 무엇인가를 해내는 실천 능력이 약합니다 /33
  - 유토피아적인 사고방식이 강합니다 /35
  - 거절 받을 것에 대한 두려움이 있습니다 /37
  - 질서 없이 행동합니다 /38
  - 오해를 자주 합니다 /39
  - 만성적으로 우울해합니다 /40
- □ 하나님은 어떻게 치유하실까요? /45

두 번째 이야기 | 네가 진짜로 원하는 게 뭐야? /49
- 회복된 내면아이 /51
  - 호기심 /55 긍정적인 마음 /56 천진난만함 /57 의존성 /60 감정 /62
  - 쾌활함 /65 자유로운 활동 /67 사랑 /68
- 과거의 이야기는 지금도 계속 진행되고 있습니다 /70
- 하나님은 어떻게 치유하실까요? /76

세 번째 이야기 | 마음의 사진처럼 남겨진 기억 /82
- 용기가 필요한 화상 /83
- 사진처럼 기억된 기억 /89
- 말에는 강력한 힘이 있습니다 /95
- 하나님은 어떻게 치유하실까요? /100

Part 02. 혼자 있기엔 아직 어렸어요

첫 번째 이야기 | 내 성격가지고 뭐라 하지 마라 /106
- 반복적인 환경 /109
- 반복된 행동 /115
- 성격에 대한 균형있는 이해 /122
- 감정은 그때를 기억합니다 /125
- 하나님은 어떻게 치유하실까요? /130

두 번째 이야기 | 내 안에 엄마 있다 /135
- 완벽한 엄마가 아닌 충분히 좋은 엄마 /137
  - 대인관계의 다리 /137 건강한 자기애 /139 좋은 돌봄 /140
  - 반영 /142 접촉 /143 반응 /144
- 기질보다 더 중요한 것이 부모양육태도입니다 /145
- 내면부모 /148
- 감정에도 습관이 있다 /151
- 하나님은 어떻게 치유하실까요? /157

세 번째 이야기 | 마음아! 넌 어디에 있는 거니? /161
- 뇌의 두 가지 기능 /162
- 기억의 치유 /168
- 무엇보다 엄마가 행복했으면 좋겠어요 /173
- 완벽한 부모를 경험한 내면아이 /177
- 어리다고만 생각했는데 그게 아니었습니다 /182
- 현재와 과거를 연결하기 /185
- 하나님은 어떻게 치유하실까요? /187

네 번째 이야기 | 누구나 한 번쯤은 사랑 때문에 운다 /191
- 사람은 열망을 한 가지 방법으로 채우려 한다 /194
- 빌트 어게인 /198
- 내면아이로 인한 부정적인 현상 /198
  - 모순 /198 부모로부터의 거리 /199 직업 /200 외로움 /201

자아정체성 /202 성적 탐구 /202 자기중심적 사고 /203 실험 /203
- 보고 들으며 배우는 것이 더 무서운 법입니다 /204
- 강압적인 부모를 경험한 내면아이 /209
- 기억속의 그 아이는 어떤 생각과 결심을 했나요? /212
- 하나님은 어떻게 치유하실까요? /213

Part 03. 왜 그런지는 모르겠지만 자꾸 그렇게 행동해

첫 번째 이야기 | 성장을 방해하는 마음의 규칙 /218
- 가족 규칙이 영향을 끼치는 삶의 영역 /221
    자녀양육 규칙 /221 의사소통 규칙 /221 감정표현 규칙 /222
    성 역할 /223 기대표현 규칙 /224 열망과 자기 규칙 /226
- 부적절한 가족 규칙의 변화 /227
- 방임한 부모를 경험한 내면아이 /234
- 방임된 내면아이를 가진 사람의 패턴 /236
- 정서적 자기 치유 /239
- 하나님은 어떻게 치유하실까요? /242

두 번째 이야기 | 성장케 하는 대화 /246
- 비일치적 의사소통 방식 /250
    회유형 /250 비난형 /251 초이성형 /252 부적절형 /254

□ 감정이 억압되면 우울증이 생깁니다 /255
□ 우울증을 만드는 가족 에너지 /258
□ 우울증 데리고 살기 /262
□ 새로운 규칙이 필요합니다 /265
□ 학대하는 부모를 경험한 내면아이 /268
□ 하나님은 어떻게 치유하실까요? /276

세 번째 이야기 | 상처받은 내면아이 보호하기 /282
□ 내면아이 성장에 시간과 관심을 /284
□ 거절하는 부모와 내면아이 /285
□ 거절의 양육태도 /286
□ 거절하는 부모를 경험한 내면아이 /289
□ 상처받은 내면아이를 위한 회복의 원리 /294
□ 하나님은 어떻게 치유할까요? /297

Part 04. 내면아이가 성장하는 6가지 키워드

첫 번째 키워드 | 회복으로 가는 과정 /302
□ 자기개방 /302
□ 재구성 작업과 감정 정화 /303
□ 통찰과 해석 /304

- □ 사고의 전환 /305
- □ 실험 행동 /307
- □ 치유적 관계의 경험 /309
- □ 자기수용 /310

두 번째 키워드 | 자기 환영 태도 갖기 /315

세 번째 키워드 | 나에게 말하는 열린 대화법 /318

네 번째 키워드 | 새로운 마음 규칙 만들기 /323
- □ 실수해도 괜찮아 /323
- □ 느껴도 괜찮아 /324
- □ 놀아도 괜찮아 /325
- □ 이만하면 괜찮아 /327
- □ 과한 책임감에서 벗어나기 /328

다섯 번째 키워드 | 운동 시작하기 /329

여섯 번째 키워드 | 상담을 받아도 좋은데 /332

에필로그 | 나에게, 미안했다고 말해주세요 /337

프롤로그

❧ ❧ ❧

우리 마음에는 누구나 내면아이가 있습니다

"나는 왜 자꾸 같은 실수를 반복하는 걸까?"
"외롭지만 차라리 혼자 있는 것이 편하다."
"좋을 때 좋은데 한번 화가 나면 분노 조절이 안 된다."
"미래가 불안해서 잠이 안 온다."
"사람들이 나에 대해 이상하게 생각할까 봐 행동이 불편하다."
"싫은데 싫다고 말하지 못하고 그냥 갈등이 싫어서 차라리 맞춰 주는 것이 편하다."

여러분은 혹시 이런 생각과 감정이 들었던 적이 있었나요?

이러한 정서적 어려움은 억압으로 인한 문제입니다.

저는 상담을 하면서 이런 질문을 많이 받았습니다.
"마음이 편안해지려면 어떻게 해야 하나요?"

사실 이런 질문을 받으면 어디서부터 어떻게 이야기를 해주어야 쉽게 이해할지 막연하게 느껴질 때가 많았습니다. 상담을 하면서 억압의 문제를 해결해야 한다고 설명하면, 억압이 무엇인지 쉽게 이해를 못 할 때가 많았기 때문입니다.

그러나 내면아이라는 표현으로 설명하면서부터 이해를 쉽게 하는 것을 봤습니다.

우리는 마음의 수준대로 삶을 누리게 되어 있습니다. 마음의 수준을 높이지 않은 상태에서는 내가 생각했던 대로 일이 잘되지 않을 때 원망과 불평을 하거나 하나님이 나를 사랑하지 않는다고 착각하기 쉽습니다.

마음의 수준은 어른이 된다고 해결되는 것이 아닙니다. 사랑도 그렇습니다. 사랑을 의지나 열정으로 하는 것은 불가능합니다. 가족이 가장 소중한 사람들이고 가정이 가장 소중한 장소이지만, 실제로 가족의 문제로 상처와 아픔을 드러내지 못하고 신앙생활 하는 크리스천들이 너무나 많은 것이 현실적인 문제입니다.

그렇다면 마음의 수준을 높이는 방법은 무엇일까요?
바로 내면아이가 성장하는 방법입니다.

내면아이가 성장하기 위해서는 어떻게 해야 할까요?
바로 이 책에서 그 방법을 알려드리려고 합니다.

마음이 기억하는 기억

H 씨는 어릴 때 아버지와 함께 있고 싶었던 기억이 있습니다. 하지만 아버지는 직업상 일주일에 한 번 집에 오셨습니다. 그리고 그때마다 아버지는 "우리 딸 잘 지냈어?"라는 말 대신 "일주일 전에 아빠가 하라고 했던 숙제 했어?"를 먼저 물어봤습니다.

H 씨는 어릴 적 그때를 생각하면 냉정하게 보이는 아버지가 미웠습니다. 그러나 이런 아버지라도 아버지의 사랑을 듬뿍 받고 싶었습니다. 그리고 어른이 되어서도 아버지에게 버림받고 싶지 않아서 노력했습니다.

H 씨는 결혼했습니다. 그런데 남편도 아버지와 비슷합니다. 이해할 수 없었지만, H 씨는 이상할 만큼 차갑게 보이는 남자들에게 마음이 끌렸었습니다. 도대체 왜 그러는지는 모르겠지만, 이성적으로는 자신에게 잘해주는 사람이 좋지만, 정서적으로는 밀어냈습니다.

H 씨는 어릴 때부터 기억하고 있는 아버지의 모습이 있습니다. 인지적으로 다 기억하지 못하는 기억을 가리켜 '암묵적 기억'(implicit memory)이라고 합니다. 그러나 현재 차가워 보이는 남자에게 마음이 끌리는 것은 '인지적 기억'(declarative memory) 때문입니다.

기억에는 감정이 있습니다. 어떤 기억을 떠올리면 좋은 감정이 있고, 어떤 기억에는 좋지 않은 감정이 함께 저장되어 있습니다. 그런데 어릴 적 기억에 있는 감정을 잘 관리해주지 않으면 내면의 수준은 성장하지 않습니다.

우리는 좋은 기억만 갖고 싶어하는 감정의 습관이 있습니다. 좋은 기억도 중요하지만, 나로서는 아쉬웠던 기억에 담긴 감정들도 성장시켜주어야 합니다. 아쉽고, 억울하고, 분하고 슬펐던 감정들을 단

한 번도 경험해보지 않은 상태에서 성인이 된 사람들은 단 한 명도 존재하지 않습니다. 그때 내 처지에서 슬프고 분했던 감정을 누군가로부터 수용과 지지를 받았어야 했는데, 그렇지 못해 억압된 감정을 가리켜 '미해결된 감정'(unfinished emotion)이라고 합니다.

내면아이는 미해결된 감정을 처리해주는 과정입니다.
내면아이가 성장하면 인생이 새롭게 시작됩니다.

자신감과 창의력이 새로워지고, 활력이 있어지면서, 중독으로부터 자유로워지고, 완벽주의가 완화됩니다. 사람들을 의심하는 마음에서도 자유로워집니다.

과거가 중요하나요?

많은 분이 오해하는 것이 있습니다. "현재가 중요하지, 과거가 중요하냐?"라고 말씀하시는 분들을 만납니다. 현재와 과거, 그리고 미래는 분리된 시간이 아닙니다. 지금-여기서 경험되는 감정과 생각은 그때-거기서도 똑같이 경험되었던 감정과 생각들입니다. 즉 과거의 시간만을 다루는 것이 아니라, 과거를 다루는 것이 현재를 다루는 것이고, 현재가 새로워지면 미래 역시 이미 새롭게 시작된 겁니다.

그렇다면 과거의 시간을 소중하게 돌볼 필요는 없는 것인가요? 과거를 소중하게 다루는 사람이 미래가 보장되는 겁니다.

내면아이 성장을 통해서 예수님을 새롭게 만납니다.

농부가 씨를 뿌리지만 밭의 종류에 따라서 열매를 맺는 수준은 다르다고 성경은 말합니다.

> "뿌릴새 더러는 길 가에 떨어지매 새들이 와서 먹어 버렸고 더러는 흙이 얕은 돌밭에 떨어지매 흙이 깊지 아니하므로 곧 싹이 나오나 해가 돋은 후에 타서 뿌리가 없으므로 말랐고 더러는 가시떨기에 떨어지매 가시가 자라 기운을 막으므로 결실하지 못하였고 더러는 좋은 땅에 떨어지매 자라 무성하여 결실하였으니 삼십 배나 육십 배나 백 배가 되었느니라 하시고" (마가복음 4:4-8)

말씀은 마음의 밭에 뿌려집니다. 예수님은 나의 밭의 상태가 열매를 맺을 수 있는 상태로 성장하기를 원하십니다. 하지만 똑같은 말씀을 듣고 있어도 모든 사람이 구원의 은혜를 똑같이 경험하고 있지는 않습니다. 왜 사람의 마음의 밭은 다른 걸까요? 그리고 어떻게 하면 마음의 밭이 좋은 밭이 될 수 있을까요?

그 방법은 내면아이가 성장하는 겁니다.

저는 목사이자 상담가입니다. 그동안 목회 현장과 대학에서 학생들을 지도하고 상담 현장에서 임상하면서 경험했던 기술들을 정성을 다해 실었습니다. 또한 성장과 치유, 내면아이의 회복을 도울 수 있는 방법들을 제시했습니다. 그리고 그동안 내면아이의 사람과 돌봄을 경험하신 분들이 가정의 회복과 마음의 치유, 그리고 더 나아가서 하나님을 깊게 만나는 모습들을 봤습니다. 이 책을 읽으시는 여러분들도 분명 그러한 일이 일어날 것이라 확신합니다.

김승연

성경에서 만나는
내면아이

Part 01

사실 그때 괜찮지 않았어요

첫 번째 이야기
나의 마음속에 있는 운전자 '내면아이'

"지난주에 가족과 여행을 가는 길이었는데 그만 아이들에게
화를 내고 말았어요. 너무 괴롭습니다. 하루에도 몇 번씩
아이들에게 욱하고 화를 내지 말아야지 다짐을 하지만,
도대체 왜 이러는지 모르겠어요. 화를 내고 나서 가족들에게
죄책감이 느껴져요.

저는 어릴 때부터 가족들과 친밀하게 지내는 것이
가장 원하는 모습이었어요. 그런데 그게 생각처럼 되지 않네요.

도대체 뭐가 문제인지 모르겠습니다.
이런 제가 너무 실망스럽고 싫습니다."

또 다른 분의 이야기입니다.

"저는 항상 사람들을 즐겁게 해주었어요.
그리고 그게 저의 행복이라고 생각하고 살았습니다.

그런데 이상하게 내가 왜 그렇게 행동하는지 모르겠습니다.

머릿속에서는 그렇게까지 하기 싫은데 사람들이 서로 불편해하는 모습을 보고 있으면 제가 뭔가를 해서라도 즐겁게 해주어야 할 것 같은 생각이 자꾸 듭니다."

이 두 이야기의 공통점이 보이나요?

사람에게는 반복적인 행동 패턴이 있습니다. 많은 사람이 자신의 반복적인 행동 패턴을 인식하지 못하고 살아갑니다. 그러나 반복된 행동 패턴의 원인을 가만히 들여다보면, 어린 시절 자신을 양육한 부모님의 양육 태도에 의해서 만들어진 결과인 경우가 아주 많습니다. 이는 분명 과거의 경험들입니다. 그러나 지금 나의 인간관계에 부정적인 영향을 줍니다. 또한 반복적인 행동은 내 마음속의 운전자에 의해서 나도 모르게 나오는 행동들입니다.

저는 내 마음속에 있는 운전자를 가리켜서 '내면아이'(Inner Child)라고 부르고자 합니다.

내면아이를 의식하면서 사는 사람은 단 한 명도 없을 겁니다. 하지만 내가 느끼는 것과 상관없이 우리는 내면아이의 영향을 받고 살아갑니다. 내면아이가 느끼고 있는 감정이나 생각은 현재를 살아가는 나의 삶에 여전히 결정적인 영향을 끼칩니다.

A 씨는 오늘 아침 로비에서 부장님을 만났습니다. 그런데 이상하게도 부장님이 인사를 반갑게 하지 않습니다. 평소처럼 인사를 했는데, 반갑게 인사를 받지 않는 부장님을 보면서 "내가 혹시 뭐 잘못했나?" 하는 생각을 하고 있습니다. 그런데 아무리 생각해봐도 잘못한 것이 없어서 불안하기까지 합니다. 점심시간이 될 때까지도 아침에 인사를 받지 않으시는 부장님 생각으로 업무에 손이 잡히지 않을 정도입니다.

그러나 A 씨와 옆에 같이 있던 B 씨는 전혀 달랐습니다. 인사를 반갑게 받지 않는 부장님을 B 씨도 경험했습니다. 하지만 '어제 무슨 피곤한 일이 있으셨나?' 하는 정도로 생각하고 넘어갑니다. 그렇게 생각하고 있는 B 씨의 마음에는 A 씨와는 달리 불안하지 않고 이런 감정 때문에 오전 시간을 허비하지도 않았습니다. 그저 평범한 일상을 어제와 같이 지내고 있을 뿐입니다.

같은 부장님을 경험했습니다.

그러나 서로의 해석은 달랐습니다.

내가 어떤 사건을 만나서 가지게 되는 첫 번째 생각을 가리켜 '자동적 사고'라고 합니다. 이 이론은 심리학자 아론 벡(Aron T. Beck)이 창안한 인지심리치료에 나옵니다. 내가 어떤 사건을 만났을 때 첫 번째로 생기는 생각을 자동적 사고라고 하는데, 내가 자동적 사고를 어떻게 취하느냐에 따라 그 생각이 감정에 영향을 미치게 되고, 감정에 따라 나의 행동도 결정짓게 됩니다. 이런 것을 보면 생각과 감정은 따로 분리된 개념이 아니라 연결된 것이라고 봐야 합니다.

나의 마음속에 내면아이가 얼마나 성장하여 있는지에 따라서 자동적 사고를 합리적으로 할 수 있고, 자동적 사고를 어떻게 하는지 알게 되면 늘 '버럭'하고 화를 내는 감정 표현도 달라질 수 있습니다.

핑크를 광적으로 좋아하는 어느 한 왕이 있었습니다. 그는 자신의 옷과 가구 등 사용하는 모든 것을 다 핑크로 물들였습니다. 심지어는 백성들이 사용하는 모든 것까지도 핑크로 바꾸라고 명령을 내리기까지 했습니다. 온 나라가 핑크로 변했습니다.

왕의 마음은 너무 기뻤습니다. 그런데 하늘을 보니 유일하게 하늘은 파란색이었습니다. 그동안 하늘이 파란색이라는 것을 생각하지 못했던 것입니다. 아무리 왕의 명령대로 모든 것을 핑크로 바꾼다 해도, 하늘을 핑크로 바꿀 방법이 떠오르지 않았습니다. "어떻게 하면 하늘도 핑크로 바꿀 수 있을까?"

왕은 자신의 스승을 찾아갔습니다. "선생님, 어떻게 하면 파란 하늘을 핑크 하늘로 바꿀 수 있을까요?" 왕이 질문했습니다. 왕의 스승은 일주일만 시간을 달라고 하고는 왕을 왕궁으로 돌려보냈습니다.

일주일 뒤, 왕이 스승을 찾아갔습니다.
"선생님, 핑크 하늘로 바꿀 수 있는 묘책을 말씀해주세요."

스승은 잠시 있더니 핑크빛 렌즈를 끼운 안경을 왕에게 주었습니다. 왕은 스승이 준 핑크 렌즈 안경을 쓰고 하늘을 바라봤습니다.

하늘이 금세 핑크 하늘로 바뀐 것처럼 보였습니다. 그리고 왕은 너무 기뻐서 날마다 분홍색 하늘을 보면서 행복한 나날을 보냈습니다.

흔히들 사건보다 해석이 중요하다는 말을 많이 들어봤을 겁니다. 내면아이는 세상을 바라보고 생각하는 것으로부터 출발합니다. 그러나 성장하는 과정에서 수용 받아 본 경험이 부족할수록 내면아이는 점점 외롭고 결핍된 상태에서 잘 성장하지 못합니다.

어린아이의 성장에 있어서 감정의 수용과 인정을 받지 못하는 것을 '억압'이라고 합니다. 그리고 억압된 감정은 어른이 된 후에도 대인관계와 자신과의 관계에서 엄청난 영향을 주고받습니다. 자신과 타인에 대해서 생각하는 습관, 사회를 바라보는 관점, 미래에 대한 마음의 태도 등 삶을 살아가는 인생의 태도가 만들어집니다. 그래서 과거에 정서적으로 만족스러움을 경험하지 못하거나 정서적으로 결핍이 일어나면 마음이 건강할 수 없습니다.

건강한 내면아이의 상태가 될 때
이는 인간에게 있는 행복의 시작이라고 할 수 있습니다.

마음속에 있는 내면아이는 인생의 운전자와 같아서, 자연스러운 삶의 스타일이 되기도 합니다. 그렇다면 내면아이로 인해 만들어진 생활의 형태는 어떻게 자리 잡혀 있을까요?

내면아이를 알아보는 10가지 키워드

a. 다른 사람의 도움만 받으려고 합니다

내면아이가 어린아이 그대로 머물러 있으면 다른 사람의 도움만을 의지합니다. 이것을 가리켜서 '상호 의존증'(Co-Dependence)이라고 말합니다.

상호 의존증은 외부적인 조건으로 자기 자신의 행복을 채우려고 하는 것입니다. 어떤 사람은 자기 자신을 다른 사람에게는 착하고 예의 바른 모습으로 자신을 포장하려고 합니다.

그러나 이런 모습은 진짜 자신의 모습이 아닙니다.

"저희 아버지는 밖에는 법 없이 살 수 있는 분이라는 칭찬을 많이 들어요. 그런데 저는 그런 말을 들을 때마다 분노가 치밀어 올라요. 가족들에게는 정말 분노 조절이 안 되는 분이거든요."

"남편 때문에 속상해요. 동창회만 가면 자꾸 있어 보이려고 노력해요. 민망할 때가 한 두 번이 아니에요. 남편 동창들이 우리 속사정을 다 아는데 말이에요. 누가 보면 정말 우리집이 부자라고 생각할 것 같은 생각도 들어요.
도대체 왜 그러는지 모르겠어요."

두 사람의 공통점은 외부적인 조건으로 자신의 정체성을 찾으려고 노력할 때 흔히 보이는 모습입니다. 이는 일종의 정체성 상실이라고 할 수 있습니다. 자신의 감정이나 욕구 등을 포기했던 경험이 많았던 사람들에게 나타납니다.

내면아이는 안전하고 건강한 정서적인 모델을 보면서 건강하게 성장합니다. 하지만 아쉽게도 자신에게 그러한 모델이 없었다면 자신의 바깥세상에 마음의 눈을 돌리고, 외부적인 조건으로만 모든 관심을 기울이려고 할 것입니다. 그래서 내면아이는 외부적인 조건을 통해서 자신을 증명하기 위해 나를 포장하고 있습니다.

6. 감정조절이 약합니다

평소에는 조용하고, 착하게 느껴졌던 사람이 한번 화가 나면 마치 괴물과 같은 모습으로 분노를 표현하는 사람들을 보신 경험이 있으실 겁니다. 다른 사람들에게 피해를 주었음에도 자기는 잘못이 없다고 책임을 회피하려고 한다거나 잘못을 합리화하기도 합니다.

대개 공격적인 행동을 하는 사람들의 행동은 어린 시절의 경험에서 기인합니다. 어린 시절 폭력과 학대를 받은 경험으로 인해 마음에 분노와 슬픔이 그대로 억압받은 사람들은 성인이 되어서는 공격을 받은 그대로 누군가를 공격합니다.

평소에는 순한 양처럼 보입니다. 그러나 화가 나면 평상시 모습은 완전히 사라지고 폭력적인 모습으로 상대방을 대합니다. 자신의 감정을 조절할 수 있는 내면의 힘이 약합니다. 분노조절장애가 그런 것입니다.

지나친 정서적·신체적 학대, 혼자 있게 내버려 두는 방임은 공격적 행동을 만듭니다. 방임과 반대로, 지나친 과보호도 그렇습니다.

c. 자기중심성이 지나치게 강합니다

인간은 태어나서부터 조건 없는 사랑과 인정, 그리고 수용적인 관계 경험을 해야 합니다. 하지만 태어나면서부터 즉시 '나'라고 하는 존재를 스스로 인식할 수는 없습니다. 왜냐하면 인간에게는 이런 능력이 없기 때문입니다.

인간은 '우리'라고 하는 가족공동체 안에서 조건 없는 사랑을 경험할 때, 비로소 '나'라는 존재를 느끼게 됩니다. 그러나 이런 필요들이 채워지지 않으면 '나 됨'이라고 하는 자존감에 많은 상처를 받습니다.

'나 됨'이 약한 '손상된 내면아이'는 어떤 사람들과 교제를 나누어도 사랑에 만족할 줄 모릅니다. 그래서 언제나 허전함을 느낍니다.

언제나 자기만을 바라봐주기를 원합니다.

내면아이의 채워지지 않은 욕구는 아무리 사랑을 받아도 충분함으로 느끼지 못하고, 상대방에 대한 불만만 느낍니다. 이런 내면아이의 상태를 제대로 인식하고 내면아이의 상태를 돌보는 것이야말로 바른 인생의 방향으로 운전을 할 수 있게끔 성장시키는 첫 번째 단계입니다.

언제나 사람들과의 관계에서 과하게 기대하고 그만큼 실망스럽고 상대방으로부터 좌절만 느낀다고 하는 사람이 있습니다. 그런 사람은 또다시 자신의 부족한 마음을 채워줄 또 다른 사람을 만나기 위해 방황합니다. 그리고 그런 허한 마음을 무엇인가를 통해 계속 채우려고 합니다. 이것이 중독입니다.

감정도 중독될 수 있습니다.

분노의 감정에 중독되면 매사 강한 모습으로만 자신을 표현하려고 합니다. 또 슬픔에 중독이 되면 슬픈 마음을 느껴야지만 자기 자신이 되는 것 같은 감정의 위험을 느끼며 살아갑니다. 그리고 기쁨에 중독된 사람들도 있습니다. 기쁨에 중독된 사람은 항상 밝은 모습으로만 자신을 표현하려고만 합니다.

살다 보면 기쁜 일도 슬픈 일도 겪게 됩니다. 그러면 당연히 슬픔을 느껴야 합니다. 하지만 기쁨에만 중독되면 자신의 내면의 상태를 객관적으로 인지할 수 없습니다.

d. 다른 사람을 잘 믿지 못합니다

인간은 첫 번째로 경험하는 대상을 세상의 전부라고 인식합니다. 그래서 양육자로부터 신뢰감 있는 경험을 못 하면, 내면아이는 불신의 뿌리를 내린 채 자랍니다. 그리고 모든 사람들에게 적대적인 태도를 보입니다.

이처럼 내면아이가 건강하지 못하면 사람들을 믿지 못해 마음을 여는 것이 어렵습니다.

"저는 오직 저만 믿습니다."

짧은 말이지만, 그의 양육과정을 느낄 수 있습니다.

신뢰감은 '친밀감'과 매우 밀접합니다. 친밀한 관계는 상대방을 있는 그대로 받아들이는 '수용적 상태'일 때 가능합니다.

그런데 신뢰감이 없으면 어떻게 다른 사람과 친밀한 관계를 기대할 수 있을까요? 타인들과 친밀감을 잘 느끼지 못하는 것은 자신을 신뢰하지 못해서입니다. 또한 다른 사람들을 너무 신뢰하지 못하는 것도 문제이긴 하지만, 너무 지나치게 신뢰하는 것도 신뢰감 장애라고 할 수 있습니다.

"그 사람은 절대로 그럴 일이 없어."

"그분 정말 대단한 분이에요. 뭔가 달라요."

타인에 대한 경험이 부족한 상태에서 사람을 지나치게 믿는 것도 신뢰감 장애라고 할 수 있습니다만, 사람들을 너무 높게 평가하는 것도 이에 해당하는 심리적 내용입니다.

그래서 자녀들에게 기본적인 신뢰감을 경험시켜 주는 것은 매우 중요합니다. 아버지와 어머니, 그리고 세상이 신뢰할 만하고, 믿을 만한 가치가 있는 사람들이라는 것을 배워야 합니다. 이러한 신뢰감은 인간의 성장에 있어서 가장 기본적인 감정입니다.

사람들을 신뢰하지 못하면, 일을 맡기지 못하고 자기가 다 합니다. 그래서 스스로 자신을 힘들게 만들어 버리는 상황이 됩니다.

e. 무엇인가를 해내는 실천 능력이 약합니다

저는 내면아이를 가리켜 '억압된 감정'(Suppressed thinking)이라고 말하는 것이 더 정확한 표현이라 생각합니다.

감정은 나를 움직이는 힘입니다.

분노, 두려움, 슬픔 등 인간의 행동 중심에는 감정이 있습니다. 내면아이가 분노로 가득하고, 두려움으로 가득하고, 슬픔으로 가득한 상태가 되면 어떤 행동이 나올까요?

폭력을 목격하고 자란 아이는 성인이 되어서도 분노가 가득한 폭력이 드러납니다. 항상 조심하라는 양육만 받고 자란 아이는 성인이 되어서도 무엇인가에 도전하는 것을 두려워합니다.

이처럼 겉으로 드러나고 표출하는 비정상적인 행동에는 부모의 양육 태도가 보입니다.

"이것도 몰라! 멍청이야."라고 비판받고 자란 아이는 어른이 되어 부모가 되도 자기 자녀에게 똑같이 행동합니다. 게다가 자기 자신을 그렇게 비난합니다.

사랑은 받은 대로 다시 돌려주게 되어 있습니다.

요즘 사람들은 분노조절장애에 대해서 어려움을 갖고 있습니다. 상담소에도 가족의 분노 조절 문제로 찾아오시는 분들이 많습니다. 그러나 우리가 좀 더 알아야 할 것이 있습니다.

분노를 밖으로 표현하는 때도 있지만, 느끼는 분노를 자기 안으로 표현하는 사람들이 있습니다. 안으로 표현하는 사람은 겉으로는 아무 이상이 없는 것 같지만, 정작 본인은 엄청난 정서적 스트레스를 받는 상태입니다.

그리고 분노 감정이 자기 안에서 표출되면 반드시 신체적으로 증상이 드러납니다. 위장장애, 두통, 요통, 목의 통증, 심한 근육 긴장 등 몸에서 증상이 드러납니다. 그래서 우리 몸은 감정에 대해서 거짓말을 할 수 없습니다. 몸에서 나타나는 증상은 중요한 메시지가 있습니다.

f. 유토피아적인 사고방식이 강합니다

"저는 결혼이 행복의 열쇠라고 생각했어요. 그런데 현실은 그렇지 못했어요. 아버지는 어릴 때부터 무서웠어요. 그런 아버지를 벗어날 수 있는 유일한 방법은 결혼이라고 생각했어요."

"유명한 대학에 들어가면 사람들이 나를 좋아할 거야."

"내가 성공하면 돈이 많아질 테고,
 그러면 분명 행복해 질 거야."

이런 사고를 가리켜 '마술적 사고'(magical thinking)라고 합니다. 같은 의미이긴 하지만 '합리적 정서 행동'이라고 하는 분야에서는 '유토피아적 사고방식'이라고 표현하기도 합니다. 또 어떤 사람들은 '잘못된 믿음' 또는 '잘못된 신념'이라고 표현하기도 합니다.

어떤 상황을 모면하기 위해서 자신의 노력 없이 누군가 자신을 도와줘서 현실을 바꾸어 줄 것이라고 믿는 것입니다. 마치 신데렐라 동화책에 나온 주인공과 비슷합니다. 지긋지긋한 현실이 바뀌었으면 하는 마음으로 왕자를 기다리는 것은 결코 긍정적이라 할 수 없습니다. 자신이 원하는 것이 있다면 그렇게 행동으로 실천해야 합니다. 자신의 노력 없이 누군가에 의해서, 또는 어떤 사건을 통해서 자신의 상황이 바뀌기를 바라는 것은 신데렐라가 왕자를 기다리는 마음과 다를 바 없습니다.

내면아이가 건강하게 자리지 못하면, 성인이 되어서도 누군가가 자신의 상황을 바꾸어주기만을 바랄 뿐 노력 없는 일상을 살게 됩니다. 그런 삶은 긍정적인 의미를 경험할 수 없습니다.

g. 거절 받을 것에 대한 두려움이 있습니다

의외로 거절감에 두려움을 크게 가지고 있는 분들이 많습니다. 친밀감을 두려워한다는 것은 상처받을 것이 두려워서 미리 자신의 마음을 열지 못하는 내면아이의 상태에 있다는 것을 의미합니다.

"저희 아버지는 일찍 돌아가셨어요. 그래서 저는 남자친구를 새로 만날 때마다 마음을 여는 것이 두려워요."

"만나기 전에는 그 사람이 좋다가도, 그 사람과 만남이 시작되면 이상하게 싫은 것이 눈에 크게 보여요."

인간은 관계 속에서 행복을 경험하게끔 창조주가 창조했습니다. 그런데 관계를 두려워하는 것은 관계에 대한, 즉 친밀함에 대한 두려움이 있어서입니다.

아버지와 관계에서 화해가 없는 상태로 결혼한 여성은 현재 남편과의 관계에서도 친밀함을 크게 느끼지 못합니다. 물론 이런 경우라면 남자도 마찬가지입니다. 그런데 본인은 친밀함을 두려워하고 있다는 것을 모르다가 상대에 의해 이혼을 당하는 경우를 봤습니다.

친밀함이 두렵다는 것은 마치 소중한 사람이 내 곁을 떠날 것이라고 하는 두려움과 연결된 감정입니다. 따라서 거절에 대한 두려움이 있다는 것을 알아차리는 게 중요합니다.

4. 질서 없이 행동합니다

가정교육은 사람이 사회에서 지켜야 할 규칙을 가정에서 배우는 것을 의미합니다. 사람은 지켜야 할 규칙을 지켜야 사람답습니다. 질서가 없고, 언제나 본능적이고, 자기가 하고 싶은 대로만 행동하려고 한다면 건강한 내면아이의 상태가 아닙니다. 그래서 상황에 맞는 언행을 하는 것은 굉장히 중요합니다.

상담하다 보면 예측이 불가능하고 질서 없이 행동하는 사람 때문에 괴로워 상담실을 방문하는 경우가 있습니다. 무질서한 행동을 반복하고 그 상태로 아버지가 된다면, 그 자녀들은 아버지로부터 어떤 것을 배울까요? 이런 것을 보면 사람은 가정에서 가장 기본적인 규칙에 대해 배울 수 있어야 합니다.

i. 오해를 자주 합니다

대상관계학자 멜라니 클라인(Melanie Klein)은 말하길, 아이는 관계가 만족스러우면 '좋음', 만족스럽지 않으면 '나쁨'과 같은 이분법적인 사고를 갖고 있다고 합니다. 아이는 '좋음'과 '나쁨'에 대한 균형감 있는 심리적 발달이 부족하므로 이분법적 사고가 있습니다.

'내가 원하는 대로 해주지 않으면 나를 싫어하는 거야.'
'내가 나쁜 생각을 하면 나쁜 사람이 되는 거야.'

이런 왜곡된 사고는 생각과 감정을 구분하는 법을 배우지 못해서입니다. 또한 자신의 고통스러운 감정을 회피하는 방법으로 생각을 사용합니다.

'내가 아무리 노력해도 잘 안되면 어떡하지?'
'회사에서 나를 버리는 것 아니야?'

이런 생각은 두려움을 불러옵니다.

사실, 현실에 맞는 생각도 아닙니다. 순전히 나의 가정(supposition)에 의해 만들어진 생각이고 감정입니다. 그래서 내면아이가 상처를 받은 상태로 성장하게 되면, 미래에 대한 추상적인 두려움으로 왜곡된 생각을 많이 하게 됩니다.

j. 만성적으로 우울합니다

내면아이가 상처받은 상태로 유지되면, 공허감과 같은 만성적인 우울증을 성인이 되어서도 겪게 됩니다. 우울감은 내가 진짜 원하는 것이 무엇인지 모르고, 그냥 사랑받고 버림받고 싶지 않은 마음에서 생깁니다. 그리고 진짜 자신의 모습을 감추고 거짓 자아를 받아들인 결과입니다.

진정한 자기를 버리면 마음의 구멍이 뚫립니다.
그래서 언제나 마음이 공허합니다.

"우리 딸은 참 착해."
"우리 아들은 말을 잘 들어."

부모 처지에서는 칭찬의 의미로 하는 말입니다. 그러나 그 칭찬이 자녀에게는 억눌림이 될 수 있습니다.

어린아이는 어린아이 같아야 합니다. 아이의 특징은 자기만을 바라봐주고 자기 것만 챙기려고 합니다. 아이가 성인처럼 성숙하게 행동하기를 기대하는 것은 아이를 정서적으로 억압하는 것입니다.

"나는 놀고 싶고 떠들고 싶고 양보하고 싶지 않은데.
 엄마한테 사랑받기 위해서 뛰지 않고, 떠들지도 말고
 양보해야겠다."

이럴 때 생존적 자아가 만들어집니다.

생존적 자아는 제2의 자아로, 부모의 양육 태도에 의해 자녀가 스스로 살아남기 위해 만든 자아입니다. 그래서 그런 자아를 가리켜 제2의 자아라고 부릅니다. 제2의 자아 상태로 아이를 판단하면 안 됩니다.

대개 부모들은 이런 아이의 모습에 속습니다.

대표적으로 '착함'이 그렇습니다.

천성적으로 착한 사람은 없습니다. 착해야 인정받을 수 있으니깐 착하기 위해 노력하는 것입니다. 겉으로는 문제가 없어 보이는 아이입니다. 그러나 스트레스가 심하게 되면 그렇게 착하던 아이도 이상 행동을 보입니다.

공허함을 느끼는 것도 마찬가지입니다. 어릴 때 성숙한 아이는 만성적인 우울을 경험합니다. 어린아이지만 어른처럼 성숙한 모습으로 자신을 포장할 수밖에 없던 제2의 자아가 공허함을 줍니다. 그리고 이러한 환경이 우울함을 줍니다.

또한 우울함은 하고 있는 일에 의미를 찾지 못할 때 생깁니다. 뭘 해도 재미가 없고 긍정적인 생각이 나오지 않습니다. 그래서 인생이 무의미하고 재미없게 느껴집니다. 무기력이라고 할 수도 있습니다.

청소년과 청년들이 이런 상태로 상담소를 많이 찾습니다. 미래가 창창한 그들이 왜 이렇게 무의미하게 삶을 살게 되었을까요?

부모들은 자식을 위해 최선을 다해 양육합니다. 그러나 부모들의 최선이 자녀들에게 어떤 영향을 끼쳤는지를 냉정하게 돌이켜봐야 합니다.

이상으로 내면아이가 건강하지 않았을 때, 일어나는 부정적인 삶의 특징들에 대해 나누었습니다.

원래 인간은 이런 삶을 살도록 허락받지 않았습니다. 내면아이를 성장하는 것은 진정한 나를 찾는 내적인 과정입니다. 행복한 삶을 살기 위해서는 자신을 알아야 합니다.

그러나 이보다 중요한 것은 억압된 감정을 몰라서는 결코 자신을 알 수 없다는 것입니다. 저는 억압된 감정의 영역을 내면아이로 표현합니다. 심리학을 처음 경험하는 사람들에게는 억압된 감정으로 무의식을 설명하려고 하면 다소 어렵게 느껴질 수 있습니다. 그러나 내면아이로 억압된 감정을 설명하면 쉬운 설명이 가능합니다.

내면아이의 성장은 결코 로맨틱한 과정이 아닙니다. 그때 경험했어야 할 감정들의 영역을 경험하지 못했기 때문에 그렇습니다.

그래서 자신의 감정과 친해져야 한다고 말합니다.

외면하고 싶었던 감정들과도 친해져야 합니다. 잘 모르는 사람들을 만나면 처음엔 어색하지만, 시간이 지날수록 서서히 익숙해지고 교제하는 시간이 많을수록 친밀함이 깊어지는 것과 같은 이치입니다.

부정적인 감정은 느끼지 않으려고 하는 경향이 우리에게 있습니다. 그러나 부정적인 감정도 너무 소중한 감정이고 나를 성장하고 변화시킬 수 있는 좋은 자료들이 그 감정 안에 숨어 있습니다.

하나님은 어떻게 치유하실까요?

하나님은 우리를 향한 하나님의 계획이 있습니다. 그런데 하나님이 인간을 만나주시는 방식을 보면 우리의 정체성을 먼저 만져주시고, 그 다음에 일하십니다.

하나님은 예레미야를 통해서 우상숭배로 물들어진 이스라엘을 회복하고자 하는 큰 뜻이 있었습니다. 그러나 정작 예레미야는 굉장히 두려워했습니다. 그래서 하나님은 예레미야의 정체성을 회복하기 위해 말씀하십니다.

> 여호와의 말씀이 내게 임하니라 이르시되 내가 너를 모태에 짓기 전에 너를 알았고 네가 배에서 나오기 전에 너를 성별하였고 너를 여러 나라의 선지자로 세웠노라 하시기로 (예레미야 1:4-5)

하나님은 예레미야가 태어나기 전부터 사랑하셨고, 지금도 사랑하고 있다고 말씀하고 있습니다. 그러나 예레미야의 반응은 "자신은 아이라, 그런 일을 할 수 없는 사람"이라고 슬픔을 표현합니다.

하나님이 예레미야를 바라보는 예레미야에 대한 정체성과 예레미야 자신이 자신을 바라보는 정체성이 달랐습니다. 그러나 하나님은 조급하게 생각하지 않으시고 계속해서 말씀하십니다.

> 여호와께서 내게 이르시되 너는 아이라 말하지 말고 내가 너를 누구에게 보내든지 너는 가며 내가 네게 무엇을 명령하든지 너는 말할지니라 너는 그들 때문에 두려워하지 말라 내가 너와 함께 하여 너를 구원하리라 나 여호와의 말이니라 하시고 (예레미야 1:7-8)

하나님은 우리를 포기하지 않으십니다. 정체성의 회복, 즉 내면아이의 성장을 통해 하나님의 계획을 이루시려고 합니다. 그래서 지금 이 순간에도 하나님은 우리에 대한 하나님의 계획을 이어가십니다.

이사야에게도 동일하게 정체성의 문제를 먼저 다루어 주셨습니다. 즉 내면아이를 작업하시는 것입니다.

> 두려워하지 말라 내가 너와 함께 함이라 놀라지 말라 나는 네 하나님이 됨이니라 내가 너를 굳세게 하리라 참으로 너를 도와 주리라 참으

로 나의 의로운 오른손으로 너를 붙들리라 (이사야 41:10)

모세 다음으로 이스라엘의 지도자가 되었던 여호수아에게도 같았습니다.

내가 네게 명령한 것이 아니냐 강하고 담대하라 두려워하지 말며 놀라지 말라 네가 어디로 가든지 네 하나님 여호와가 너와 함께 하느니라 하시니라 (여호수아 1:9)

하나님이 우리를 새롭게 하시는 첫 번째 방식은 우리의 내면아이를 성장시킨 후에 하나님의 뜻을 이루시는 것입니다.

성경의 인물들 대부분이 내면아이가 온전히 자라지 못한 상태에서 선택받았습니다. 무엇인가를 도전하기 두려워하고, 자신에 대한 신뢰감이 부족하기도 하고, 어떤 일을 추진하는 능력이 약할 뿐만 아니라, 자기 자신에게 스스로 용기를 줄 수 있는 상태도 아니었습니다.

이런 모든 것을 가리켜서 '자기효능감'(self-efficacy)이라고 말합니다.

내면아이가 성장하지 못하면 자기효능감이 부족합니다.
그래도 하나님은 우리에게 계속해서 말씀하십니다.
믿었기 때문에 그들이 새로워진 것이 아닙니다.

하나님께서 계속해서 말씀해주셨고,
그 말씀을 통해 내면아이가 성장했습니다.

그렇다면 우리는 어떻게 해야 할까요? 겉으로는 아무런 문제가 없어 보이지만, 마음은 정말 힘들고 외로운 상태로 살아가고 있는 사람들이 많습니다. 부부관계, 자녀 문제, 정서적인 어려움으로 하나님의 자녀라고 하는 정체성이 흔들린 상태로 살아가고 있는 사람들을 너무 많이 만나게 됩니다.

우리가 이런 문제를 해결하기 위해서는 먼저 하나님의 말씀을 들어야 합니다. 내면아이가 성장하면 세상을 바라보고, 어떤 사건을 해석하는 해석 능력이 긍정적으로 변할 수 있습니다.

두 번째 이야기
네가 진짜로 원하는 게 뭐야?

저에게는 자녀가 둘이 있습니다. 첫째는 딸이고 둘째는 아들입니다. 우리 아이들이 세상에 태어나서 커가는 모습을 보면서 얼마나 경이로웠는지 모릅니다. 여느 부모나 같은 마음일 것입니다.

인간이 태어나서 가지고 있는 그대로의 모습은 신비롭고 아름답습니다. 태어나서 자연스럽게 가지고 있는 모습 그대로를 유지하고 성장한다면 무슨 걱정이겠습니까? 그러나 안타깝게도 그렇지 못합니다.

'나에게도 호기심이 있고, 순진하고 낙천적인 모습이 있었을까?'

'나에게 내 모습이 있기나 한 걸까?'

누군가에게는 태어나면서부터 생긴 경험들이 큰 디딤돌이 되는 반면 누군가에게는 하는 일마다 넘어지게 만드는 걸림돌이 되기도 합니다.

하나님이 우리에게 하시는 말씀을 통해 내면아이가 성장한다고 말씀드렸습니다. 내면아이가 성장하면 나를 통해 하나님의 계획들을 이루시고 이웃에게는 선한 영향력을 행사할 수 있는 하나님의 자녀로 살아갈 수 있습니다. 하나님은 내 안에 없는 것을 가지고 일을 하시는 분이 아닙니다. 이미 우리에게 세상을 이길 수 있는 하나님의 것들을 심어주셨습니다. 그것을 가리켜서 '가능성'(potential)이라고 말합니다.

현재 내게 있는 성격은 내가 어릴 때부터 성장하면서 주어진 환경에서 살아남기 위해 만들어진 성격이라고 할 수 있습니다. 이것을 가리켜서 '조건화 과정'(conditioning process)이라고 말합니다. 나는 마음껏 놀고 싶고, 표현하고 싶은데 내 마음과 달리 어떤 조건에 나를 맞추어서 사랑받기 위해 노력하는 과정이라 할 수 있습니다. 조건화 과정에 나를 맞추면, 자신의 의견이나 생각을 마음껏 표현하지 못하고 언제나 억압된 상태로 머무릅니다. 그래서 어떤 역할에는 기능적으로 발달하였지만, 정서적인 기능이 약해서 사회생활에 많은 불편함을 경험하는 분들이 있습니다.

회복된 내면아이

저는 동네 산을 자주 오릅니다. 그때 본 나무가 있습니다. 제법 튼튼해 보이는 나무였습니다. 그런데 태풍이 심하게 온 뒤, 튼튼해 보이던 나무가 아무렇지 않게 쓰러졌습니다. 반면 옆에 약해 보이던 나무는 그대로 건재했습니다.

차이는 단 하나, 뿌리 때문이었습니다.

겉으로는 튼튼해 보였지만, 뽑힌 뿌리를 보니까 매우 약했습니다. 그러니 당연히 태풍을 이겨낼 수 없었습니다. 그러나 겉으로는 약해 보이지만 뿌리가 깊은 나무는 건재했습니다. 나무의 진가는 비바람이 불고 난 뒤에 드러나기 마련입니다.

겉으로 보기에 문제가 없어 보이는 사람이 있습니다. 아무렇지도 않은 척하면서 지내고 있지만, 마음의 뿌리가 약해서 작은 사건도 힘들어 어렵게 지냅니다. 반면 겉으로는 약해 보이고 조용하게 보여도 위기와 어려움을 극복하고 미래를 긍정적으로 개척하는 사람도 있습니다.

차이는 무엇일까요?

스키마의 차이입니다.

어떤 사건을 바라보고 해석하는 마음의 틀을 가리켜서 인지 심리 치료에서는 '스키마'(schema)라고 말합니다. 스키마는 세상을 바라보는 마음의 창이라고 하는 별명이 있습니다. 스키마는 성공과 행복을 얻어 낼 수 있는 매우 중요한 열쇠입니다.

바다라는 환경이 있습니다. 같은 바다이지만 바다를 항해하는 항해사의 생각에 따라 바다는 다른 의미를 갖습니다. 바다라는 환경에서 '왜 파도가 치는 거야?'라고 생각한다면 바다를 제대로 누릴 수 없을 것입니다.

그러나 바다가 어떤 상태든지 항해할 수 있는 실력이 있다고 생각하는 항해사에게는 적극적인 마음이 일 것입니다. 사실 잔잔한 바다가 있기만을 바라는 것은 나의 마음이지만 바다라고 하는 환경은 결코 내 사정을 봐주지 않습니다.

인생이라고 하는 바다도 마찬가지입니다. 인생에 좋은 일만 있기를 바라는 마음보다는 어떤 상황이든지 적극적으로 대처하고 위기를 극복할 수 있다는 마음으로 사는 것이 더 중요한 이유가 여기에 있습니다. 이 차이가 스키마의 차이입니다.

어떤 사람은 스트레스 때문에 우울감과 불안함으로 살고 있습니다. 그러나 같은 스트레스 상황이지만 '어떻게 하면 문제를 풀어 갈 수 있을까?' 하고 생각하는 사람은 현실적으로 실현 가능한 객관적인 판단을 하려고 합니다. 게다가 나에게 부족한 것이 무엇이며 내가 해야 할 현실적인 노력이 무엇인지를 반추하게 됩니다.

자기 자신이나 주위에서 일어나는 일을 어떤 마음의 창으로 바라보고 이해하는 것은 미래를 준비하는 현재라고 할 수 있습니다.

코로나로 인해 많은 사람이 생활의 어려움과 불편함을 경험하고 있습니다. 특히 미래에 대해 느끼는 불안함이 우울증이나 공황장애로 이어지고 있는 사람들이 너무 많습니다.

같은 코로나19 상황입니다. 그러나 코로나 사건을 바라보는 마음의 창은 각각 달라서, 이 상황을 대처하는 방식 또한 사람마다 다릅니다.

"내가 뭘 할 수 있겠어요?"
"내가 지금 할 수 있는 것이 뭐가 있죠?"
"난 더는 미래가 없다고 느껴져요."
"이런 허리 상태로 할 수 있는 것이 있겠어요?"
"사람들이 나를 싫어하는 것 같아요."
"나는 어차피 노력해봤자 안 되는 사람이에요."

바다와 같은 인생의 환경에서 항해를 하고 안 하고의 핵심적인 차이가 스키마입니다. 이는 자신을 어떻게 바라보는지, 그리고 내가 무엇을 할 수 있는지와도 매우 밀접하게 연결되어 있습니다. 이것은 새롭게 도전할 수 있는 힘이 되기도 합니다. 설령 도전을 하는 과정에서 실패하더라도 자신을 잘했다고 위로할 수도 있고, 다시 툭툭 털며 다시 시작할 수 있는 회복탄력성도 높습니다. 그리고 나에 대한 생각이 긍정적이기 때문에 긴장도 덜 합니다.

특히 하나님의 말씀으로 내면아이가 성장하면, 하나님이 우리에게 이미 주신 가능성을 새롭게 볼 수 있습니다. 하나님의 말씀은 세상을 바라보는 관점인 스키마를 바꿔줍니다.

이렇게 한번 생각해볼까요? 세상을 바라보고 생각하는 뿌리인 스키마가 부정적이면 내면아이는 어떤 상태일까요? 내면아이가 자라지 못하면 스키마가 긍정적이지 못할 뿐 아니라 하나님이 주신 가능성을 완전히 드러내지 못하게 될 것입니다. 그렇다면 무엇이 새롭게 시작하는 데 도움을 줄 수 있을까요?

a. 호기심

아이는 세상을 호기심으로 바라봅니다. 세상은 재미있고 흥미로운 거리가 많습니다. 그래서 도전이고 모험일 수 밖에 없습니다. 아이들은 보이는 것을 만지고 싶어 하고, 궁금해서 자꾸 물어봅니다. 이런 과정을 통해서 자기 자신을 발견합니다.

생각해보세요. 세상의 모든 것들이 처음 경험하는 것이라 익숙하지 않을 것입니다. 그러기 때문에 도전이고 모험일 수밖에 없습니다. 사실 도전과 모험이 있으려면 어떤 것들에 대해서 호기심이 생겨야 가능합니다.

그런데 도전과 모험이 인생의 과정이라고 느껴지기 전에 자꾸 그것에 대해 제재 당하는 경험을 더 많이 합니다. 그렇게 되면 모험을 통해 알아가는 세상이 아니라 근심과 걱정거리로 세상을 바라보는 마음이 생깁니다. 그래서 호기심이 사라집니다. 호기심이 있다는 것은 오직 더 좋은 것이 있을 것 같은 삶에 대한 기대감과 에너지를 만듭니다.

b. 긍정적인 마음

세상을 걱정하면서 태어나는 아이는 없습니다.
처음부터 비판적인 사람도 없습니다.

세상을 볼 때도 사람들은 친절하고 희망적이면서 내가 원하는 것이 있다면 얻을 수 있다는 기대를 합니다. 그런데 이런 어린아이와 같은 마음을 부모님들이 지켜주지 못하는 경우가 많이 있습니다.

인간은 태어날 때 나에게 무엇이 이익이 되는지를 따지며 태어나지 않습니다. 세상에 나온 뒤 누군가에게 배우게 되는데 그 누군가는 주된 양육자라고 할 수 있습니다. 양육자를 통해 사람을 신뢰하게 되거나 부정적인 사고의 틀이 생기게 됩니다. 또한 사람에 대한 신뢰감이나 마음을 열고 지내려고 하는 생각이 점점 사라지게 됩니다.

안전감 있는 정서는 긍정적인 대인관계를 만들고, 이것이 가능할 수 있는 토대를 만듭니다. 그리고 자신과 타인에 대한 긍정적인 '스키마'를 형성합니다. 그러나 마음에 안전감이 떨어질수록 자신의 희망이 무엇인지 잘 모른 채 살아갑니다.

c. 천진난만함

현재를 살면서 기쁨을 추구하며 생활하는 것은 천진난만의 핵심이라고 할 수 있습니다. 아이들은 장난치는 것을 굉장히 좋은 것으로 생각하는 경향이 있습니다. 그런데 자기 생각에는 좋은 것이라고 했던 행동들인데 어른들이 자꾸 혼을 내고 화를 내게 되면 천진난만함이 사라집니다.

요즘 가정에서 폭력의 문제로 안타까운 소식을 많이 접하고 있습니다. 흔히들 우리는 폭력에 대해서 물리적인 폭력만 생각합니다. 그런데 보이지 않는 방망이를 휘두르는 경우도 많습니다.

얼마 전 저도 사랑하는 딸에게 마음의 상처를 주었습니다. 며칠 전, 딸이 "아빠는 신우만 좋아해"라고 말했습니다. 처음엔 그냥 대수롭지 않게 듣고 넘어갔습니다.

그런데 그 이후로도 같은 말을 또 하는 것입니다. 똑같은 말을 하는 것이 왠지 어떤 마음의 사인 같았습니다. 그래서 시온이에게 아빠한테 섭섭한 것이 있냐고 물어보았습니다. 딸은 몇 번을 물어도 자신의 마음을 이야기하지 않으려 했습니다.

아이에게 시간이 필요한 것처럼 보여서 그렇게만 말하고 다음 날 출근길에 아내에게 시온이한테 무슨 일이 있는지 물어보라고 했습니다. 아내는 딸에게 혹시 아빠한테 섭섭한 것이 있냐고 물었습니다. 그러자 딸은 남동생처럼 자기도 아빠에게 환한 웃음을 선물해주고 싶었다는 겁니다. 그래서 자신이 제일 좋아하고 잘한다고 생각하는 댄스를 아빠에게 보여줬는데, 아빠는 쳐다보니기는커녕 정신없으니까 방에서 춤추라는 말을 했다는 겁니다.

딸은 동생에게 아빠를 빼앗긴 기분이었다고 말하면서 닭똥 같은 눈물을 흘렸습니다. 얼마나 서럽게 우는지 그렇게 복받쳐 우는 모습은 처음 봤을 정도라고 아내는 말했습니다. 아내의 말을 듣고 딸의 마음이 느껴져 너무도 미안했습니다. 전혀 생각하지 못한 일이었습니다.

저는 상담을 가르치고, 상담하는 사람인지라 우리 아이들에게만큼은 정말 잘한다고 생각했습니다. 하지만 의도치 않게 아이의 마음에 상처를 줬다는 사실을 알았습니다. 저 역시 아이의 감정을 알아차리지 못하고 공감해주지 못했습니다.

감정의 폭력은 일상에서 일어납니다. 보이지 않기 때문에 시간이 지나야 알 수 있고, 때로는 의도하지 않은 것이라 상처를 준 사람은 알지 못하는 일도 있습니다.

"너만 힘든 거 아니야. 남들도 다 그 정도는 하고 살아!"
"너는 그래도 행복한 줄 알아. 나 때는 너보다 더 힘들었어."

이런 말들이 상대방을 위해 해주는 말이라고 생각하지만, 정작 듣는 사람은 '감정적인 폭력'을 당합니다.

d. 의존성

인간은 동물과 달라서 태어나자마자 자신의 삶을 독립적으로 지낼 수 없습니다. 주양육자에게 절대적으로 의존된 상태에서 정서적인 자양분과 배고픔을 채워가며 나뉨을 경험합니다. 주양육자가 아이의 욕구를 알아주고 충족시켜주는 경험은 건강한 내면아이를 만듭니다.

그런데 주양육자의 내면아이 상태가 좋지 않으면 아이에게 어른스러운 사랑을 줄 수 없습니다. 의존성은 건강한 관계 경험이 없으면 건강한 의존적인 관계를 경험하기 쉽지 않습니다. 의존적 단계에서 만족스러운 관계 경험이 있어야만 다음 단계로 발달합니다. 그리고 결국 독립적으로 성장하고 내면아이가 건강하게 자랄 수 있습니다.

또한 의존적인 단계에서 만족스럽지 못한 경험을 하면, 의존적 단계에서 채우지 못했던 욕구들을 결국 무엇인가를 통해서, 또는 누군가를 통해서 채우려고 합니다. 그리고 기대했던 만큼 욕구가 채워지지 않으면 무의식적으로 배신감을 느낍니다.

어떤 의미에서 인간은 죽을 때까지 의존적인 상태로 삶을 사는 것이라고 해도 과언이 아닙니다. 사랑을 받아야 하고 사랑을 줄 수도 있는 상호작용을 필요로 하는 것이 인간의 삶인 것 같습니다.

인간은 결코 혼자서 지낼 수 없습니다.
창조주가 그렇게 인간을 창조했습니다.

간혹 '그냥 숲속에서 혼자 지내면 되는 건 어떤가?' 하는 생각을 합니다. 숲속에 있어도 혼자 있는 것 같지만, 혼자가 아닙니다. 자기 자신과의 관계가 있기 때문입니다. 그리고 자연과의 관계가 있습니다. 자신을 사랑하는 마음은 자연을 바라보는 마음의 태도의 출발점입니다.

내면아이의 성장 저해는 의존성이 방해받았을 때 독립성의 균형에 대한 문제로 이어질 수 있습니다. 너무 과보호하는 것도 문제이지만 정서적 방관을 하는 것도 문제입니다. 그래서 적절성이 필요합니다.

의존성이 상처를 입으면 다른 사람들을 의지하지 못하고 혼자 고립감을 느끼며 지낼 수도 있습니다. 혹은 사람들에게 지나치게 매달려 관계적인 의존성을 너무 보이기 때문에 심리적 피로를 상대방으로부터 느끼게 할 수도 있습니다.

e. 감정

한 가지 엉뚱한 질문을 해 보겠습니다.
개그를 하는 동물을 보셨나요?

그런 동물은 전혀 없습니다. 누군가를 웃길 수 있는 유머 능력은 인간에게만 있는 능력입니다. 내면아이가 건강하게 자란 사람은 주변을 웃게 하는 유머 능력이 있습니다. 유머 능력은 마음이 여유로울 때 자연스럽게 흘러나올 수 있습니다.

마음이 날카롭고 여유롭지 못하고, 심리적으로 불안함을 많이 품고 있는 사람은 유머 능력이 부족합니다. 언제나 진지합니다. 반면 건강한 사랑과 돌봄을 받고 자라고 있는 아이들의 눈빛은 초롱초롱합니다. 여유가 있고 사람들의 시선에 과한 생각을 하지 않습니다.

의외로 다른 사람들에 대한 시선을 너무 의식해서 자유로운 행동을 못 하는 경우가 많습니다. 이를 가리켜서 '사회불안'이라고 말합니다.

"실수하면 어떡하지?"
"나를 이상하게 생각하면 어떻게 하지?"

이런 생각이 완벽주의로 이어지고 실수를 스스로 용납하지 못합니다.

인간에게는 웃음도 중요하지만, 못지않게 중요한 것이 울음입니다. 물론 동물도 우는 경우가 있습니다. 그러나 인간처럼 눈물을 흘리면서 감정을 표현하지는 않습니다.

"저는 울고 싶어도 울음이 나오지 않아요.
 한 번 울어봤으면 좋겠어요."

제게 상담을 받던 어느 여성이 했던 말입니다. 아버지는 엄하셨고, 어머니는 함께 있긴 했지만, 정서적으로 친근하지 않았다고 합니다. 어쩌다 집에 들어온 아버지는 한 번도 안아주지 않았습니다. 오히려 늦게 일어난다고 때리고 아내하고는 항상 싸우기만 했습니다.

"한번은 아빠가 운다고 저를 때렸어요.
 그날 이제는 울지 않기로 했어요."

자신의 감정을 스스로 억압한 것입니다.

"남자는 울면 안 돼!"
이렇게 양육하는 부모들이 은근히 많습니다.

남자는 왜 울면 안 되나요? 아이들을 강하게 키운다고 생각한 방식입니다. 정말 아이를 강하게 키우는 것은 울 수 있는 사람으로 자라게 하는 것입니다.

울 수 있는 사람은 자신의 감정을 두려워하지 않습니다. 울고 싶어도 울음을 참는 사람은 슬픔을 느끼고 싶어 하지도 않을 뿐 아니라 스스로 자신의 감정을 죽이고 사는 것입니다. 겉으로는 강해 보이지만 마음으로는 외롭고 슬픔으로 가득한 상태입니다.

이런 것이 내면아이가 상처를 받게 되는 원인입니다.
그리고 원초적인 관계의 결핍입니다.

f. 쾌활함

주변에 보면 얼굴에 힘이 없고 무기력한 모습으로 지내는 사람들이 있을 것입니다. 쾌활한 느낌을 전혀 받지를 못합니다. 정서적인 만족감을 많이 경험한 아이들은 마음으로부터 부모님을 신뢰하기 때문에 다른 사람들을 신뢰하는 심리적인 상태로 이어집니다.

그리고 상대방으로부터 실망하더라도 스스로 툭툭 털면서 정상적인 감정 패턴으로 돌아가는 회복탄력성이 좋습니다. 그러다 보니까 대인관계가 좋고 쾌활함이 있습니다.

마음이 쾌활하면 사람에 관한 생각이 부드럽습니다.

"어떻게 그럴 수 있지?"
"난 절대 그렇게 안 해."

"결코 용납 못 해."

이렇게 자기 생각이 무조건 맞고 상대방의 생각은 틀렸다고 하는 유연하지 못한 생각을 하는 사람은 쾌활함과 거리가 멀다고 생각하면 됩니다.

감정적으로 쾌활한 사람은 생각이 유연합니다. 유쾌함이 많을수록 대인관계에서 즐거움을 경험하게 되고, 즐거운 관계적인 경험이 많을수록 미래가 긍정적으로 열립니다.

내면아이 치유는 우리의 미래가 바뀌는 현재입니다.

'사람들은 어떻게 해야 좋은 미래가 있을 수 있을까?'를 고민합니다. 대개 사람들은 메타인식이 있어야 한다고 말하는 사람들이 있습니다. 또 어떤 사람은 자기 자신을 사랑해야 한다고 말하기도 합니다. 그런 말이 틀리지는 않습니다. 그런데 좀 어렵게 느껴집니다.

그러나 내면아이로 접근하면 이해하기 쉽습니다. 쾌활함을 경험하기 위해서는 내면아이가 원했던 것들을 채우는 경험을 하면 됩니다. 내면아이가 듣고 싶어 하는 내면의 목소리에 관심을 두고 들려주면 됩니다.

9. 자유로운 활동

자유롭게 놀 수 있는 능력은 굉장히 중요합니다.
불안함을 잊기 위해서 노는 것이 아닙니다.
논다는 것을 심리학에서는 플레이(play)라고 표현합니다.
놀 수 있는 능력은 자유로운 마음의 영역을 넓혀줍니다.

톨스토이는 인간은 사랑받기 위해서 태어났다고 말합니다. 저는 거기에 하나 더 보태서 인간은 놀기 위해서 태어났다고 말하고 싶습니다. 놀이는 인간의 고유한 영역이며 천성입니다.

그런데 이렇게 놀고 싶은 마음을 억압하면 내면이 어떤 상태로 성장할까요? 노는 활동을 통해 아이는 상상력과 창의력이 만들어집니다. 상상력을 통해서 엄마 아빠 놀이를 하는 것은 미래에 대한 그림을 그려보는 창조적인 작업이기도 합니다.

자유롭게 놀 수 있는 내면아이의 상태로 성장이 된 사람은 자신만의 일을 할 수 있는 내면의 능력이 만들어진 상태입니다. 그러나 놀고 싶은 욕구를 억압하면, 그만큼 창의력 있는 활동력이 떨어집니다.

h. 사랑

인간은 사랑과 애정을 좋아합니다. 그렇지만 인간은 사랑하는 방법을 혼자서는 배우지 못합니다. 누군가로부터 사랑을 받아봤던 경험이 있어야만 사랑을 할 수 있는 것입니다.

사람을 가장 사람답게 해주는 것은 무엇보다 사랑입니다. 사랑받는 것도 중요하지만, 사랑하는 것도 중요합니다. 그러나 자신의 있는 그대로의 모습대로 사랑받지 못할 때 내면아이는 엉망진창이 됩니다.

조건부 사랑은 어떤 조건에 나를 맞추는 사랑의 작업입니다.

어릴 때는 부모가 좋아하는 모습에 나를 맞춥니다. 그리고 학교에 진학해서는 선생님에게 사랑받기 위한 조건에 나를 맞춥니다. 사랑을 받기 위해서 진짜로 내가 원하는 것은 내려놓고 부모와 학교,

그리고 사회에서 원하는 조건에 나를 맞춥니다.

사회가 인정하는 인재는 어떤 조건을 가진 것일까요? 유명한 대학, 유명한 대기업에 들어가면 사회로부터 사랑을 받을 수 있다고 생각합니다. 우리는 그런 조건적인 사랑에 길들어 있습니다. 그래서 진짜로 내가 원하는 것이 무엇인지 느껴본 적이 없습니다. 사람들이 원하는 조건에 맞추면 깊은 상실감을 경험합니다.

조건에 나를 맞추는데 익숙한 사람은 진정한 나를 느껴본 적이 없습니다. 그래서 무기력합니다.

"무슨 말을 해야 해요?"
"저는 꿈이 없어요."
이런 말을 청년들이 합니다.

인간은 자신의 욕구를 채우지 못하면 마음이 언제나 공허합니다. 그래서 있는 그대로 조건 없이 그 사람을 받아들이는 사랑의 방식을 배워야 합니다.

과거의 이야기는 지금도 계속 진행되고 있습니다

과거의 경험은 기억으로 저장되어 있습니다. 우리가 인지적으로 저장하고 있는 기억이 있고(인지적 기억), 인지적으로는 기억되지 않지만, 현재 나의 삶에 영향을 미치는 기억들이 있습니다. 이를 가리켜서 '암묵적 기억'(implicit memory)이라고 말합니다.

인지적으로 기억되는 기억은 이해가 됩니다. 그런데 기억나지 않지만 나에게 영향을 미치는 기억이라는 것이 좀 이해하기 어렵습니다. 그래서 암묵적 기억은 그때-거기서 경험된 기억을 '감정'으로 기억하는 특징이 있습니다.

충분히 인정받고 수용 받은 공감적인 경험이 부족했다면, 그때 느끼지 못했던 감정이 지금 나에게 영향을 미치게 됩니다. 그래서 왜 그러는지는 정확히 모르지만, 반복적인 행동 패턴을 보입니다. 현재 성인이 되었어도 그때-거기서 경험된 감정이 지금도 유사하게 경험되면 나도 모르게 반복적인 행동을 하게 됩니다. 그렇게 해야 마음이 편해지기 때문입니다.

반복적 행동은 어린 시절의 행동과 굉장히 유사한 행동입니다.

어느 날 갑자기 성인이 되어서 그렇게 행동하는 것이 아닙니다. 단지 본인만 모르고 있는 것입니다.

어린 시절 저는 성실하시고 최선을 다하시는 아버지와 이성적이고 논리적인 어머니 사이에서 성장했습니다. 부모님은 부부싸움을 자주 하셨습니다. 그리고 부부싸움의 중심에는 할머니가 항상 있었습니다. 그래서 제가 어린 시절 어머니를 보면서 느껴왔던 감정은 불쌍함이었습니다.

'내가 엄마였어도 이런 집에서는 살지 못할 것 같은데.'

이런 생각을 많이 했습니다. 어머니가 불쌍하게 느껴졌고, 지친 어머니는 저와 제 동생을 두고는 집을 나가려고 생각했습니다. 그래서 저는 소중한 사람이 어느 날 갑자기 곁에서 떠날까 봐 마음이 항상 불안하고 초조했습니다. 그리고 어머니가 집에 계시지 않으면 마음이 초조했습니다.

한 번은 초등학교 때 일입니다. 학교 수업을 마치고 집에 돌아왔는데, 집에 어머니가 계시지 않았습니다. 그때의 기분이 지금도 마음속에 그대로 살아 있습니다. 가슴이 철렁 내려앉은 기분이었고 하늘이 정말 노랗게 바뀌는 것 같았습니다.

그날 정말 많이 울었습니다. 얼마나 울었는지 더는 눈물이 나지 않을 정도였습니다. 그렇게 울다 지쳐 한 시간 정도 지났는데 어머니가 집에 아무 일이 없는 듯이 들어오는 것입니다. 알고 보니 어머니는 시장에 다녀오신 것이었습니다.

그날 "엄마 미워. 정말 미워." 하면서 엄마를 때리며 울었습니다. 그래서 성인이 된 지금도 소중한 사람을 기다리는 기분이 싫습니다.

그때 저의 내면아이는 소중한 사람이 내 곁을 떠날까 봐 불안하고 초조한 기분을 많이 느끼고 있던 어린 승연이었습니다. 그리고 아쉽지만 내 안에 있는 어린 승연이를 돌보면서 성인으로 자라지 못했습니다. 그리고 그때의 그 감정이 결혼생활에서도 부정적인 영향을 미치게 되었습니다.

저는 아내가 조금만 집에 늦게 들어와도 화가 났습니다. 아내가 일하다 전화를 받지 못할 수도 있는데, 전화를 받지 않으면 화가 났습니다. 처음에는 저도 도대체 왜 그러는지 몰랐습니다. 하지만 이것은 내면아이의 어려움 때문입니다. 마치 어린 시절 어머니를 기다리는 마음이 현재 아내와의 관계에서도 같은 기분을 경험하고 있었던 것입니다.

그래서 아내를 기다리면서 늦게 오면 화가 나고 전화를 받지 않으면 초조해지는 기분은 성인이 되어서 만들어진 것이 아니라는 것을 알았습니다. 이처럼 그때-거기서 경험된 내면아이가 자라지 못해 현재에도 부정적인 영향을 미치고 있었습니다.

많은 사람이 자신이 변하면 관계가 새로워질 수 있다고 생각합니다. 그러나 자신이 변하는 것은 나의 내면아이를 돌보는 과정이 성실하게 있을 때 얻어지는 열매입니다. 그때 놀랐던 어린 시절 승연이는 성인이 된 나에게 주는 메시지가 있다는 것을 알아야 합니다.

또한 부모로부터 억압된 감정적인 경험은 내면아이를 미성숙하게 합니다. 아버지가 폭력적이면 성인이 되어 자녀에게 폭력적인 행동을 할 수 있는 확률이 굉장히 높습니다. 굉장히 사랑하는 자녀이지만 그런 자녀에게 아버지와 똑같은 행동을 하는 모습을 보면서 스스로 괴로워하는 사람들을 많이 만났습니다.

그래서 무엇보다 정서적인 돌봄이 굉장히 중요합니다.

내 마음속에 있는 내면아이는 평소에는 아무런 증상이 없이 그냥 마음속에서만 존재합니다. 그러나 스트레스를 받게 되는 상황이 되면 마음속에 있는 내면아이가 그대로 드러납니다. 그래서 갈등이나 문제를 풀어가는 방식을 보면 성인이지만 미성숙한 아이의 모습으로 문제를 풀어가는 것입니다. 아이는 문제를 풀어가는 방식이 성인과 같을 수 없습니다.

사람들은 과거의 시간보다 미래가 더 중요한 것이 아니냐고 말합니다. 저도 상담을 하면서 그런 말들을 많이 듣곤 합니다. 그러나 분명히 알아야 합니다.

과거의 시간은 멈춘 시간이 아닙니다.

시간이라는 것은 과거와 현재가 서로 연결된 시간입니다. 그리고 과거를 정성스럽게 보살피지 않으면 현재도 과거와 동일한 삶을 살 것이고, 미래 또한 달라질 것이 없습니다. 그래서 현재를 살지만, 과거를 극복한 현재를 살아야 합니다. 그러기 위해선 과거 기억의 감정들을 정성스럽게 돌봐야만 합니다. 그렇지 않고서는 결코 긍정적인 미래를 기대할 수 없습니다.

감정을 만져주지 않으면 내면아이는 절대로 자라지 않습니다. 잠재능력은 내 안의 가능성을 열어주는 것입니다. 그런데 이때 필요한 능력이 내면의 힘입니다. 잠재능력은 어느 날 갑자기 주어진 것이 아닙니다. 이미 나에게 있는 것을 되찾아주는 것입니다. 그래서 내면아이 작업을 해야 합니다. 내면아이의 작업을 하는 출발은 기억의 감정으로부터 시작됩니다.

하나님은 어떻게 치유하실까요?

룻의 시어머니인 나오미는 베들레헴에 흉년이 있어 모압 지방에 정착해 살게 되었습니다. 그런데 모압에서 자신의 남편 엘리멜렉이 죽고, 두 아들인 말론과 기룐도 죽게 됩니다.

자신에게 소중한 사람들을 갑자기 잃어버렸습니다.

그동안 나오미는 베들레헴에 살았고 지금 그녀의 삶의 배경은 모압입니다. 모압은 누구 하나 의지할 장소가 아닙니다. 가족과 헤어짐을 경험한 사건은 결코 쉬운 일이 아닙니다.

그래서 나오미는 다시 자신의 고향 베들레헴으로 돌아가야겠다고 결심합니다. 그런데 나오미에게는 오르바와 룻이라고 하는 두 명의 며느리가 있었습니다. 나오미가 모압에서 살고 있을 때 두 아들들이 결혼했었는데, 두 며느리도 남편과 사별하게 된 것입니다.

나오미 자신은 고향 베들레헴으로 돌아가면 마음으로 의지할만

한 곳이기도 했겠지만, 두 며느리는 베들레헴 사람이 아니라 모압 사람들이었습니다. 베들레헴에 대해 들어보긴 했겠지만 직접 살아본 경험이 없는 지역이었습니다.

그런데 며느리 룻은 어머니와 함께 베들레헴으로 가겠다고 해서 함께 돌아옵니다.

베들레헴으로 다시 돌아온 나오미는 처음 베들레헴을 떠났던 나오미가 아닙니다. 먹을 것을 찾아 살겠다고 하는 마음은 사라졌고, 지금의 나오미는 마음의 상처와 아픔이 가득한 상태입니다.

> 나오미가 그들에게 이르되 나를 나오미라 부르지 말고 나를 마라라 부르라 이는 전능자가 나를 심히 괴롭게 하셨음이니라 (룻기 1:20)

베들레헴에 도착했을 때 동네 사람들이 다시 나오미가 돌아왔다고 말하자, 나오미가 동네 사람들에게 이제는 자신을 '나오미'라 부르지 말고 '마라'라고 부르라고 합니다.

나오미의 뜻은 '희락', '즐거움', '행복'입니다. 마라는 '괴로움'이란 뜻입니다. 그리고 베들레헴은 '집'이라는 뜻이 있는 '벧'과 '빵'이라고 하는 '레헴'의 합성어입니다. 따라서 베들레헴은 '빵집' 이라는 뜻이 있어서 영적으로는 풍성함이라는 의미가 있습니다.

여러분은 영적으로 풍성함을 누릴 수 있는 장소가 어디라고 생각하시나요? 그 장소는 바로 예수님 품 안입니다. 베들레헴은 영적인 풍성함의 장소이며 우리를 회복할 수 있는 장소임을 말씀하고 있습니다.

그러나 베들레헴, 즉 영적으로 풍성한 곳으로 다시 돌아왔지만, 나오미는 자신의 인생을 '괴로운 인생'이라고 부르며 부정적으로 자신을 바라보고 있습니다. 주님 품을 떠난 상태에서는 진정으로 나를 보호해 줄 장소가 없다고 생각합니다.

돌아온 탕자를 보십시오. 아버지 품을 떠나 돼지나 먹는 쥐엄열매를 먹으면서 생각하기를 '아버지 품에 그대로 있었으면 이런 일을 겪지 않을 텐데.'라고 생각한 것입니다.

그리고 둘째 아들은 아버지에게 다시 돌아가면 아버지 반응이 어떨지 걱정했습니다. 그러나 아버지는 다시 돌아온 내 아들을 환영해 주었고 잔치까지 베풀었습니다.

> 아버지는 종들에게 이르되 제일 좋은 옷을 내어다가 입히고 손에 가락지를 끼우고 발에 신을 신기라 그리고 살진 송아지를 끌어다가 잡으라 우리가 먹고 즐기자 (누가복음 15:22-23)

아버지 품에 다시 돌아온 그것이 회복의 출발이 되었습니다.

나오미도 마찬가지였습니다. 베들레헴으로 다시 돌아온 그 다음 날부터 하나님은 그의 삶에 필요한 양식을 채워주시고 그 가정의 귀한 만남을 허락받아 며느리 룻이 보아스와 결혼을 합니다.

그리고 그 둘 사이에서 태어난 아들이 오벳이고, 오벳의 아들이 다윗의 아버지인 이새입니다. 하나님은 이스라엘을 회복하기 위한 구원의 계획이 철저하셨으며 회복된 한 사람을 통해서 큰 구원의 은혜를 허락하십니다.

회복의 시작은 베들레헴에 다시 돌아왔을 때였으며 베들레헴 안에서 있었을 때 풍요로움이 시작되었고, 탕자 역시도 아버지 품 안에 있었을 때 새로운 회복이 시작되었습니다.

모세가 태어났을 때 애굽의 왕 바로는 당시 두 살 전의 아기들은 모두 죽이라고 하는 정책을 펼쳤습니다. 하지만 모세의 어머니 요게벳과 누나인 미리암은 아기 모세를 갈대 상자에 담아 모세를 살리기 위해 나일강에 띄웠습니다. 아기 모세는 갈대 상자 안에서 엉엉 울었을 것입니다.

갈대 상자 안에 있는 바구니는 밖에서 물이 들어가지 않도록 역청을 발랐습니다. 창세기 6장에서도 노아의 방주에 역청을 발라 물이 새지 않도록 만들었다고 말씀합니다. 갈대는 '파피루스'라고 하는 단어를 사용하는데 '말씀으로 무장한다'라는 뜻이 있습니다. 즉 말씀 안에서 울고 말씀 안에서 자신의 도움을 구하는 것은 자신을 결국 보호받는 영적인 작업입니다.

하나님은 우리가 회복하기를 원하십니다.
사실 주님 안에 있는 것이 회복입니다.

인간은 사랑을 받고자 노력을 많이 합니다. 우리가 가진 성격도 사랑받고 싶어서 환경에 길들어진 것이라 할 수 있습니다. 사랑받기 위해 내가 아닌 다른 사람으로 자신을 속여야 하는 조건적인 과정을 겪어야만 했습니다. 마음이 공허하고 허전한 마음을 채우고 싶어서 다른 무엇인가에 의지하려고 합니다.

하지만 공허한 심리적 공간을 채울 수 있는 유일한 방법은 예수님 안에 있는 것입니다. 어린아이가 아무 조건 없이 안아주는 엄마 품 안에 있으면 그것 자체가 회복인 것처럼, 주님 안에서 우리의 자존감은 새로워집니다.

그래서 회복은 어떤 특별한 노력을 필요로 하는 것이 아닙니다. 물론 심리적 치료에 있어서 필요한 부분을 노력하는 것도 중요합니다만 그것이 우선이 되는 것이 아닙니다. 주님 안에 그냥 있는 것. 그래서 주님의 은혜를 경험할 때 나에 대한 새로운 눈이 열릴 것입니다.

세 번째 이야기
마음의 사진처럼 남겨진 기억

저에게는 초등학생 딸이 있습니다. 녀석이 세 살 때 지방에 계신 부모님 댁에 갔었던 일이 지금도 기억이 납니다. 지방으로 내려가는 길이 많이 막혔습니다. 점심시간이 가까워지는데 차는 막히고 아이는 배가 고파서 지쳐있을 것 같은 생각이 들었습니다. 아내도 저와 같은 생각이었는지, 마침 길에서 옥수수를 파는 분을 보았습니다. 옥수수를 사서 딸에게 옥수수 한 알을 입에 넣어주었습니다. 그랬더니 그 어린아이의 눈동자가 갑자기 커지더니 옥수수를 더 달라고 그러는 것입니다. 지금도 우리 딸은 옥수수를 좋아합니다. 그러나 세 살 때 있었던 그 일은 기억을 못 합니다.

우리는 과거의 사건과 사실에 대한 의식적인 회상과 함께 언어로 기억합니다. 이런 기억을 '서술적 기억'(declarative memory), 또는 '명시적 기억'(explicit memory)이라고 합니다. 암묵적 기억은 정서적으로 기억되는 기억입니다. 회복은 정서적으로 기억하고 있는 암묵적 기억에 담긴 감정들을 서술할 때 회복할 수 있습니다.

용기가 필요한 회상

제가 석사생일 때 지도 교수님이 "회복은 회상으로부터 시작된다"라고 하셨습니다. 그래서 상담을 공부하면서 과거에 대한 기억을 회상했던 시간이 많았습니다. 그런데 회상된 기억은 과거의 어려움이나 고통을 묵인한 기억들입니다.

요즘 사람들은 자신에 대해 알고 싶어 하고 성장하고자 하는 자기 계발에 대한 열망이 높습니다. 그런데 자기 계발을 하고 자신을 성장하기 위해서는 무엇보다 자신의 내면아이와 깊은 교제를 나누어야 합니다.

하지만 내면아이는 분노와 슬픔으로 혼자 외로이 지내왔기 때문에 만나는 것이 어색하게 느껴질 수 있습니다.

"내가 그때 얼마나 화가 났었는지 알아?"
"내가 그때 얼마나 외로웠는지 알아?"
"내가 그때 얼마나 슬펐는지 알아?"

어릴 때부터 지금까지 내 안에 분노하고, 슬퍼하고, 외로워했던 내면아이가 있었다는 것 자체를 대부분 생각하지 못하고 삽니다. 그러니 갑자기 몰랐던 내면아이와 교제를 나누는 것을 어색하고 힘들어하는 분들이 많이 있습니다. 그래서 용기가 필요합니다.

적극적이고 능동적인 마음의 태도를 보인다고 해도 그동안 모른 척했던 내면아이의 감정과 만날 뿐만 아니라 그동안 내면아이를 외면하고 지냈던 것들에 대한 자기화해가 있어야 합니다.

이런 회상을 통한 대화는 일반적으로 카페에서 나누는 대화와는 완전히 다릅니다.

"나 어젯밤에 남편 때문에 정말 속상했어.
늦게 오면 늦게 온다고 미리 말해주면 얼마나 좋아.
근데 항상 연락이 없어."

이렇게 두 여성이 이야기를 나누고 있었습니다. 그 말을 듣고 있는 상대방 친구가 이렇게 대답합니다.

"그러게 말이야. 남자들은 다 왜 그러는지 몰라.
 나도 얼마 전에 그런 일 때문에 남편과 대판 했잖아."

이런 대화는 흔히 주변에서 볼 수 있는 형태입니다. 한마디로 '수다'입니다. 배우자가 늦게 오는 것 때문에 속상한 기억, 즉 어떤 외부의 자극 때문에 발생하는 무의식적인 회상의 과정이라고 하는 것을 가리켜서 '플래시백'(Flashback)이라고 말합니다.

플래시백은 변화와 성장이 가능한 기억이 아닙니다. 하지만 내면아이와 나누는 대화는 심리적으로 표현하자면, 의식적으로 억압된 감정들을 느끼려고 하는 것보다는 회피하고자 하는 동기가 더 강하게 작용해 회상을 방해하기도 합니다.

저는 지금까지 상담하면서 자신의 감정과 대화를 나누어야 한다고 말할 때마다 상담을 받는 분들이 추상적으로 느끼는 것을 더 많이 보았습니다. 물론 상담을 받을 때부터 이미 상담에 대한 기본지식이 있는 사람들은 이해가 빠르지만, 보편적으로는 감정과 대화를 나누어야 한다는 가르침에는 어렵게 느끼는 분들을 더 많이 보았습니다.

그래서 고민을 많이 했습니다. 억압된 감정을 느껴야 한다는 것을 좀 더 대중적이고 쉽게 설명을 할 수 있는 방법에 대해서 찾아야 했고, 그 답은 내면아이였습니다. 내면아이로 감정에 대해서 표현을 하니까 쉽게 설명할 수 있었습니다.

내면아이는 프로이드식으로 표현을 하자면 억압된 감정입니다.

'그때-거기서' 수용 받고 인정받고 존중받았어야 했던 감정들이 만족스럽지 못한 기억으로 남겨지면 '그때의 감정'은 그대로 억압되어 분노와 슬픔으로 남겨집니다. 그리고 억압된 감정은 성장이 안 된 상태로 그대로 남아 있어서 '그때-거기서' 느꼈던 불편했던 감정들이 성인이 되어 '지금-여기서' 유사하게 경험되면 나도 모르게 분노로 표현합니다.

우리는 어렸을 때부터 불편하게 느끼는 감정과 생각을 표현하면 안 된다는 요구를 은근슬쩍 경험하면서 자라왔습니다.

"그런 말 하면 못 써."

"어디서 화를 내."

내가 느끼는 감정과 생각이 다르게 표현되면 "나는 이런 생각과 감정을 해서도 느껴서도 안 되는 건가 보다."하고 억압하는 것입니다.

어른들은 단순히 생각하는 것일 수 있습니다. 그러나 결코 단순히 생각할 수 있는 영역이 아닙니다. 아이가 세상을 바라보고 생각하고 어떻게 느끼면서 대인관계를 하는가의 여부를 가리켜서 프로그래밍이라고 하는데, 이런 결과들이 모여 인생이 됩니다. 즉 내면아이가 생각하고 느끼는 방식은 인생을 살아가는 프로그래밍입니다. 그래서 내면아이 작업은 단순한 심리적 작업이 아니라 나의 인생을 바꾸는 작업이라고 해도 과언이 아닙니다.

나는 긍정적인 생각을 하려고 의식적으로는 생각을 하는지 모르지만, 내면아이가 긍정적이지 않으면 의식적인 나, 즉 성인 자아는 긍정적인 생각을 못 하고 내면아이의 조정을 받으며 살아가게 되기 때문입니다.

하지만 부정적인 감정도 소중한 감정입니다. 부정적인 감정을 건강하게 처리해 본 경험이 부족한 사람일수록 부정적인 감정을 느끼는 것을 불편해합니다.

우리는 어릴 때부터 긍정적인 생각과 감정을 해야 한다는 것을 강요받고 자랐습니다. 예를 들면, 분노가 대표적입니다. 살다 보면 화가 날 일이 있으면 당연히 느끼는 감정이 분노입니다. 특별히 심리상담을 하다 보면 분노의 감정은 당연히 나의 감정이어서 소중하게 다루어야 하는데 그런 분노를 표현하는 것에 대해 스스로 어색하거나 그럴 권리가 있다고 생각하지 못합니다. 이런 생각은 분노를 표현할 때 "누가 그렇게 화를 내라고 그랬어!" 하는 식의 반응이 쌓인 결과입니다.

나에게 소중한 사람으로부터 사랑과 인정을 받고 싶어서 화를 내고 싶지만, 화를 내지 말아야만 사랑과 인정을 받을 수 있다는 생존적인 생각을 하게 됩니다. 그래서 오히려 분노를 표현하는 방식을 다른 방식으로 표현하는 경우가 많습니다.

어떤 사람은 분위기를 맞추려고 합니다. 효자 역할을 하려고 합니다. 책임감이 너무 과합니다. 착한 모습으로 자신을 포장합니다. 이런 역할들이 무조건 나쁜 것은 아닙니다. 그러나 자신을 포장하고 분노를 억눌린 상태에서 보여주는 역할은 언젠가 자신을 지치고 힘들게 합니다.

사진처럼 기억된 기억

우리가 흔히 상처라고 불리는 기억은 '심상적 기억'(imagistic memory)이라고 합니다. 상처는 정서적으로 기억되어 있는데, 이는 마치 사진처럼 마음에서 기억되어 있습니다.

내면아이는 분노, 슬픔, 두려움, 수치감 등 부정적인 감정들로 구성되어 있습니다. 부정적인 감정을 경험했던 바로 그때의 기억이 마음에 마치 사진처럼 자리 잡혀 있습니다.

우리가 상처로 불리는 기억에 반드시 알아야 할 것이 있다면, 상처는 아무에게나 받는 것이 아닙니다.

자기심리학자 하인즈 코헛(Heinz Kohut)은 "인간을 수용하고 인정하며 이해하게 해주는 공감은 우리가 알고 소중히 여기듯이 인간 생존에 필수적인 영양소다"라고 했습니다.

가만히 생각해보면 맞습니다. 특히 나를 안아주고 이해해주는 어떤 대상으로부터 기대감이 채워지지 않았을 때 성장하지 못합니다. 내면아이의 성장을 돕는 심리적인 산소가 공급되지 못한 것입니다.

심리학자들은 말하길, 외로움과 우울증은 아무도 나에 대해 신경 쓰지 않을 때 생기는 것이 아니며, 나를 챙겨줄 거라 기대했던 사람이 나에 대해 신경을 쓰지 않을 때 생기는 것이라고 공통으로 말합니다.

어린아이 관점에서 기대를 채울 수 있는 대상으로 누구를 생각할까요? 나를 양육하는 주양육자입니다. 그러나 주양육자인 어머니나 아버지가 심리적 산소를 공급하는 공감 능력이 떨어진다면, 자녀들의 마음에는 지속적인 상처를 남기게 됩니다.

이러한 원리는 모든 관계에서 그대로 적용될 수 있습니다.

이 사람이 나의 부족한 사랑을 채워 줄 거라 생각했는데, 내가 기대했던 만큼 그 사람이 채워주지 않으면 심한 배신감과 우울함을 반드시 경험하게 됩니다.

상처를 받는다는 것은 내면아이가 아픈 상태 그대로 머물러 있는 것을 의미합니다. 즉 기대했던 대상으로부터 얻어지는 부적절한 감정들의 '강도', '지속도', '빈도' 등의 세 가지 면에서 생각해볼 수 있습니다.

예를 들어 어떤 사건들을 경험했을 때 느껴지는 분노의 '강도'가 너무 강하고 격렬하게 느껴지고, 시간이 지나도 '지속적'으로 격렬한 강도가 사그라지지 않는 경우가 있습니다. 같은 분노이지만 그냥 지나가는 듯한 분노가 있는 반면, 나의 상처와 관련된 분노는 강도와 빈도가 매우 높게 지속됩니다.

지금 경험된 분노의 감정은 언젠가 비슷하게 경험되었던 유사한 분노로써 현재 나의 삶에 부정적인 영향을 주고 있는 것이고, 현재 성인이 된 지금도 그 감정으로 인해 부정적인 영향을 받게 됩니다.

그렇다면 어떻게 해야 할까요? 사람들은 이런 감정들을 경험할 때 어떻게 해결할 수 있을지 궁금해합니다.

그 방법은 마음의 상처를 재구성하는 것입니다.

상처 난 감정은 본인 스스로 부담스럽고 힘들더라도 적극적으로 느껴야 합니다. 그리고 그 감정의 원인을 함께 나누어야 합니다. 처음에 이야기를 나눌 때는 도대체 왜 이러는지 모르지만, 적극적으로 마음의 사진처럼 남겨진 기억들에 대해 자기 오픈을 하면서 느껴보고, 그에 대해서 이야기를 다시 나누는 과정을 가져야만 합니다. 그래야 재구조화를 이루는 것입니다.

사람들은 재구조화를 이루는 것을 쉽게 생각하지만, 단번에 이루어지는 과정은 아닙니다. 인내심을 갖고 꾸준히 적극적으로 나의 감정의 영역들과 대화를 나누고 '그래서 그런 것이었구나' 하는 과정들을 반복적으로 나누어야만 재구조화가 이루어질 수 있습니다.

3년 전쯤 새로운 일터로 스카우트가 되어서 인사이동이 있었습니다. 저에게 본인이 일을 하는 회사로 와서 같이 하면 좋을 것 같다고 말해준 선배가 있었습니다. 그렇게 그분의 도움으로 새로운 일터에서 새로운 경험이 시작되었습니다.

그런데 막상 와보니 내부적으로 힘겨운 상황이었습니다. 반면 이곳을 소개해 준 선배는 회사 내에서 굉장히 중요한 역할을 감당했기 때문에, 저에게 신경을 쓸 시간이 없었습니다. 그래도 왠지 시간이 지날수록 그 선배에게 섭섭한 마음이 사그라지지 않았습니다.

처음에는 섭섭한 감정이 느껴질 때마다 스스로 억압하고 좋은 생각을 하기 위해 마음을 고쳐먹기도 했습니다. 그런데 그게 뜻대로 되지 않았습니다. 마치 버려진 느낌, 소외되는 느낌이 들기까지 하더니 선배가 나를 싫어한다는 생각으로까지 이어졌습니다. 내가 느끼는 감정에 대해서 뭐라 설명하기는 힘들었습니다. 그런데 기분은 좋지 않았습니다.

그래서 이 감정을 적극적으로 느껴보고 왜 이런 감정이 느껴지는지 많은 탐색을 해 보았습니다. 시간이 걸리는 작업이었습니다. 감정을 탐색하는 과정에서 점점 선배에 대한 미움의 강도가 높아지고 심지어는 얼굴을 볼 때마다 불편한 감정이 느껴지는 빈도가 점점 많아졌습니다. 그렇다고 선배에게 불편한 감정을 표현하기도 쉽지 않았습니다. 그냥 혼자 해결하려고 했지만 쉽지 않은 과정이었습니다. 너무 외롭기까지 했습니다.

그렇게 나의 감정을 탐색하는 과정에서 어릴 때 혼자 있었던 감정과 만나게 되었습니다.

앞장에서 말씀을 드렸듯이 '소중한 사람으로부터 외면당하면 어떻게 하지?' 하는 거절과 버려짐에 대한 두려움을 느끼고 있는 저는 내 안에 있는 내면아이와 만날 필요가 있었습니다. 마음이 쉽시 않았지만 내 안에 있는 내면아이와 함께 나누고 적극적으로 내면아이에게 대화를 나누는 과정을 통해서 '내가 그래서 그런 것이구나' 하는 재구조화 과정을 경험하면서 저는 차츰 회복되었습니다.

내면아이를 무시하면 절대 안 됩니다.

내면아이는 평소에는 아무런 존재감이 없는 듯 합니다. 그러나 스트레스 상황에 마주하게 되면 갑작스럽게 강력한 에너지를 마음에서 뿜어냅니다. 마치 괴물과 같은 모습으로 마음에서 나를 조정합니다.

적극적으로 대화를 나누는 언어적 진술은 정말 용기가 필요합니다. 하지만 마음에 마치 사진처럼 잡힌 기억은 용기 있는 언어적 진술을 통해 마음을 자유롭게 합니다.

말에는 강력한 힘이 있습니다

언어에는 강력한 힘이 있습니다. 흔히 상처로 굳어진 마음은 따지고 보면 언어를 통해 생긴 결과라 할 수 있습니다.

"이런 것도 못 해?"

"야! 이 바보야."

이런 말을 들으면 어떤 사람은 그 말이 마음에 그대로 영향을 끼쳐 내면화가 됩니다. 그래서 정말 나는 아무 것도 못 하는 사람이라고 생각합니다. 나에게는 충분한 가능성이 있음에도 불구하고 스스로 자신을 속이고 성인이 되어서도 그렇게 살게 됩니다.

이는 거짓된 진실입니다.

말을 통해 내면아이가 건강하지 못했다면, 반대로 말을 통해 내면아이가 새롭게 될 수 있습니다.

회복을 위한 대화는 이렇게 진행합니다.

그때-거기에 있는 내면아이와 대화를 나누는 것입니다.

내 안에 있는 5살짜리 그때 그 아이, 내 안에 있는 7살짜리 그때 그 아이와 깊은 사랑의 대화를 나누어야 합니다. 대화를 통해 정서적 자양분을 지속해서 공급해주어야 합니다.

지금 여러분 마음속에 있는 내면아이와 대화를 나누어 보십시오. 자신의 이름을 부르면서 말입니다.

"승연아, 그때 많이 외로웠지."

"승연아, 많이 힘들었구나."

"승연아, 많이 고통스러웠구나."

이런 대화는 회복의 능력을 경험할 수 있는 언어입니다.

지속적인 대화를 나누어야 합니다. 한번 했다고 완성되는 것이 아닙니다. 지속적으로 내면아이와 대화를 나누어야 합니다. 그때 언어로 인한 강력한 회복의 능력이 일어납니다.

1911년 스위스의 심리학자 에두아르드 클라파레드(Edouard Claparede) 교수의 실험은 매우 중요한 의미를 우리에게 전해줍니다. 그는 기억상실증에 걸린 한 여인을 병원에서 돌보고 있었습니다. 그 여인은 클라파레드가 방문 할 때마다 "누구시죠? 이름이 뭐예요?"라고 질문했습니다.

그러던 어느 날 교수는 호기심이 생겼습니다. 그는 손가락 사이에 핀을 숨기고 그녀를 찾아가서는 그녀와 인사를 다시 했습니다.

"누구시죠? 이름이 뭐예요?"

이렇게 인사를 여전히 하는 그 여인과 악수를 하면서 뾰족한 핀으로 그녀의 손가락을 찔렀습니다. 얼마나 그 여인이 놀랐는지 손가락을 뒤로 움직였습니다.

그 일 후, 그녀는 클라파레드와 악수를 하지 않았습니다. 변화가 일어난 것입니다. 사실 기억상실증에 걸린 그녀는 자신이 왜 클라파레드와 인사를 하지 않는지 설명할 수 없습니다. 그러나 왜 그러는지는 모르지만, 감정은 그때를 기억하고 있었습니다.

마음의 아픔, 즉 성장하지 못한 내면아이의 아픔은 감징으로 기억됩니다. 감정으로 저장된 기억은 자세히 설명할 수 없지만, 그때의 감정과 만나기 위해 언어를 사용해서 재구조화를 이루어야 합니다. 그리고 그 과정에서 내면아이에게 언어를 사용해서 존중과 인정과 지지하는 말을 해주어야 합니다.

저는 내면아이 세미나를 진행하고 있습니다. 그 과정에서 내면아이에게 긍정적인 대화를 하는 과정에 많은 참여자들이 회복을 경험하는 것을 보았습니다. 다 큰 어른이고 사회적으로 리더의 자리에 있는 사람들이지만, 내면아이가 듣고자 하는 말 한마디를 건넬 때 어린아이처럼 우는 모습을 많이 보았습니다.

"수고했어."
"너는 할 수 있어."

"실패해도 괜찮아."

"엄마는 떠나지 않아. 그러니까 너무 걱정하지 마."

이런 말 한마디를 듣고자 사람들은 노력합니다.

그런데 그 말 한마디를 듣지 못해서 지치고 힘들어하고 갈등을 겪고 있는 사람들이 주변에 너무 많습니다.

최근 아동학대가 사회적인 문제로 대두되고 있습니다. 사실 아동학대는 학대받아 아파했던 자신의 내면아이가 드러난 결과입니다. 쉽게 말해서 학대받은 사람이 또 다른 사람에게 아동학대를 하는 것입니다. 그러고 보면 사회적인 문제를 해결한다는 것은 가정에서의 회복이 가장 기초적인 듯 합니다. 가정에서 학대받은 사람은 사회에서도 누군가를 학대하기 때문입니다.

내면아이가 비정상적으로 성장하면 언젠가는 반드시 드러나게 되어 있습니다. 그래서 그 아이와 좋은 대화를 나누어야 합니다. 그래야만 합니다. 그러면 내가 궁극적으로 행복해지고 대인관계에서도 긍정적인 결과를 기대할 수 있습니다.

하나님은 어떻게 치유하실까요?

엘가나에게는 한나라는 아내가 있었습니다. 그리고 첩이었던 브닌나가 있었습니다. 브닌나에게는 자식이 있었지만, 한나에게는 자식이 없었습니다. 이스라엘 민족은 아들을 출산해서 가문을 잇는 것을 매우 중요하게 생각했습니다. 그래서 아들을 출산하는 것은 굉장히 중요한 의미를 지닙니다.

하지만 엘가나는 자신의 본처인 한나를 많이 사랑했고, 한나의 입장에서는 아들을 출산하지 못해 죄책감이 있었습니다. 그런데 첩인 브닌나까지 한나를 힘들게 했습니다.

> 여호와께서 그에게 임신하지 못하게 하시므로 그의 적수인 브닌나가 그를 심히 격분하게 하여 괴롭게 하더라 (사무엘상 1:6)

한나는 괴로운 심정으로 하나님께 기도했습니다. 하나님의 성전에 찾아가 자신의 괴로운 심정을 기도하면서 응답받고 싶었습니다.

> 한나가 마음이 괴로워서 여호와께 기도하고 통곡하며 서원하여 이르

되 만군의 여호와여 만일 주의 여종의 고통을 돌보시고 나를 기억하사 주의 여종을 잊지 아니하시고 주의 여종에게 아들을 주시면 내가 그의 평생에 그를 여호와께 드리고 삭도를 그의 머리에 대지 아니하겠나이다 (사무엘상 1:10-11)

얼마나 괴로운 심정을 표현했던지 당시 엘리 제사장이 한나가 술에 취해서 제정신이 아닌 여자로 생각했을 정도였습니다.

한나는 하나님께 자신을 기억해 달라고 기도합니다. 여기서 '기억하다'는 단어는 이스라엘 5대 제사 중 소제를 드릴 때 사용되는 단어와 연결된 영적인 의미가 있습니다. 곡물로 드리는 제사가 소제입니다. 곡식을 한 움큼을 잡아서 드릴 때 그 한 움큼이 '아즈카라'입니다. 비록 한 움큼을 드렸더라도 하나님은 나의 전부를 기억하신다는 의미입니다.

한나가 하나님께 아들이 없어 서럽게 울며 자신의 슬픔을 표현하는 기도를 드리고 있지만, 하나님은 한나의 인생 전부를 받으시고 그에게 좋은 것을 허락하십니다. 이런 기도를 통해서 하나님이 응답해 주신 아들이 사무엘입니다.

감정은 억압된 상태로는 회복이 없습니다. 감정이 억압되면 사고방식에 융통성이 부족해지고 자기 자신을 부정적으로만 생각하게 됩니다.

한나와 같은 상황에 있다면 우리는 이렇게 기도할 수 있어야 합니다. 자신의 감정을 하나님께 표현할 수 있어야 합니다. 나의 슬픔, 서글픔, 섭섭함 등 내가 느끼고 있는 감정을 하나님께 자꾸 표현하면서 기도할 수 있어야 합니다. 그래야만 생각이 넓어지고 하나님이 주시는 영적인 치유를 경험할 수 있습니다.

처음에 그녀가 드린 기도는 하나님께 받으려고 하는 마음에서 시작했습니다. 아들을 출산하지 못한다는 부정적인 감정이 가득했습니다.

그러나 기도하면서 '드리겠다'는 기도로 내용이 바뀝니다. 하나님이 자신에게 아들을 주시면 자신의 억울함을 해결할 수 있을 거라는 생각이 있었을지 모릅니다. 자신도 아들을 낳을 수 있는 여자라는 것을 모든 사람에게 증명하고 싶었는지 모르겠습니다. 게다가 자신에게 상처를 주는 브닌나에게 복수할 기회라고 충분히 생각할 수 있습니다.

그러나 이 소중한 아들을 하나님께 드리겠다고 기도합니다. 자신의 슬픈 감정을 참지 않고 표현했습니다. 이런 과정 중에 생각이 넓어지고 자신에 대한 관점도 새로워졌습니다. 하나를 드렸지만, 나의 전부를 받으시는 하나님이 계신다는 것은 한나의 인생에 매우 큰 의미가 됩니다.

여러분에게는 하나님이 어떻게 느껴지시나요?

나로서는 하나를 드렸지만, 받으시는 하나님은 나의 전부로 받으시고 나를 기억해주시는 하나님이십니다. 하나님께 감정을 표현하면 하나님은 전부로 받으셔서 좋은 것들을 채워주시는 좋으신 아버지입니다.

Part 02

혼자 있기엔 아직 어렸어요

첫 번째 이야기
내 성격 가지고 뭐라 하지 마라

성격이 운명이라는 말이 있습니다. 성격은 한 사람이 살아가는 삶의 방식을 결정하는 출발점입니다. 하지만 우리는 다른 사람의 삶의 배경을 잘 모른 채 그 사람의 성격을 판단하는 경우가 있습니다.

"저 사람은 성격이 참 이상해."

그러나 한 사람의 성격이 만들어지는 데는 원인이 있습니다.

주어진 환경에서 어떻게 사랑받고 인정받고 싶은 마음으로 살았는지에 따라 삶의 방식이 만들어집니다. 이를 가리켜서 '제2의 자아'라고 합니다.

"저는 이상하게 다른 사람들을 도와주려고 해요.
 그 사람이 저한테 도움을 요청하지도 않았는데 말이죠.
 정말 왜 그러는지 모르겠어요."

A 씨는 사람들을 도와주고 즐겁게 해주는 것을 좋아합니다. 어

디서든 분위기 메이커 역할을 자청했습니다. 그래서인지 A 씨가 있는 곳은 분위기가 즐거워 보였습니다. 게다가 타인들에게 과할 정도로 헌신적입니다. 그러나 헌신의 정도가 너무 지나쳐서 건강에 어려움을 느끼고 있습니다. 누군가를 위해 너무 과하게 헌신하고 타인을 즐겁게 해주기 위해 큰 노력을 하는 사람입니다.

A 씨는 지금까지 그렇게 사는 것이 무조건 옳다고 생각했습니다. 다른 사람을 위해 헌신하고 즐겁게 해주는 것이 자신의 존재 목적이라고 생각했습니다. 이것과 다른 자기 인식을 해 본 적이 없었습니다.

그러나 이렇게 하는 데는 이유가 있었습니다.

A 씨는 어머니를 즐겁게 해주기 위해서 존재했던 아들이었습니다. 어릴 때부터 어머니는 항상 아버지로 인해 아파했습니다. 어머니의 표정이 어두우면 그런 어머니를 위해서 즐거움을 선물로 주고 싶었습니다. A 씨는 어릴 때 슬퍼하는 어머니를 볼 때마다 가슴이 매우 아팠습니다.

그래서 어머니가 즐거워하는 것은 곧 자신의 존재 목적이었습니다. 그러나 그런 자신의 마음을 어머니께 표현할 수 없었습니다. 왜냐하면 자기마저도 어머니를 힘들게 할 수는 없다고 생각했기 때문입니다. 그래서 나이에 맞게 투정도 부리고 싶고, 하기 싫다고 말하고 싶었지만 할 수 없었습니다. 오히려 불쌍한 어머니, 보호해줘야 할 어머니라고 생각한 탓에 어머니를 즐겁게 해주는 것이 자기가 해야 할 '역할'이라고 생각했습니다.

여기에 원인이 있습니다.

겉으로는 항상 긍정적이고 활기차게 보였습니다. 그러나 A 씨의 진짜 마음은 행복하고 즐겁지 않았습니다. 겉으로 드러나는 밝고 긍정적인 모습. 그리고 사람들을 즐겁게 해주는 것은 만들어진 모습이었습니다.

그래서 언제부턴가 진짜 자신의 모습을 찾고 싶었습니다. 정말 내가 원하는 삶이 무엇인지 모르기 때문에 찾고 싶었습니다.

반복적인 환경

아이에게 가장 중요한 환경은 무엇이라고 생각하시나요?
엄마입니다. 물론 아빠도 아주 중요한 환경입니다.

그러나 아이가 첫 번째로 관계를 하는 출발의 대상은 엄마입니다. 엄마와 아이의 정서적인 경험의 만족도에 따라서 세상의 모든 것들을 바라보고 생각하는 출발점이 달라집니다. 그래서 성격은 관계 경험을 통해서 만들어진다고 할 수 있습니다.

내담자: 저는 어릴 때부터 엄마가 저를 싫어하는 줄 알았어요.

상담자: 어떻게 해서 그런 생각을 하게 되었나요?

내담자: 제가 어릴 때 엄마는 항상 저를 귀찮게 생각했던 것 같아요. 엄마하고 같이 있으려고 하면 엄마는 혼자 책을 읽고 싶다고 했어요. 한 번도 따뜻하게 저를 안아주고 놀아준 적이 없었어요. 엄마는 항상 차가웠어요.

상담자: 그랬군요. 그때의 나를 보면 어떤 기분이 드세요?

내담자 : 불쌍하고 가여워요. 하지만 그런 엄마라도 같이 있고 싶었어요. 그런데 저는 엄마로부터 거절 받는 기분이었어요.

상담자 : 그랬군요. 그때 엄마로부터 거절 받는 기분이었군요.

내담자 : 예. 그래서 엄마한테 거절 받고 싶지 않아서 최선을 다해서 노력했어요.

상담자 : 어떻게 행동했는데요?

내담자 : 밝고 긍정적인 모습으로 엄마 앞에서 살았어요. 밝은 모습으로, 그리고 긍정적인 모습으로 엄마한테 예쁜 딸의 모습을 보여주고 싶었어요.

밝고 긍정적인 모습은 내담자가 원하는 진짜 모습이 아니었습니다. 엄마로부터 사랑과 인정을 받고 싶은 거짓된 모습입니다. 이를 가리켜 '거짓 자기'(false self)라고 말합니다.

내담자에게 엄마는 환경이었습니다. 이는 '외상적 환경'이라고 할 수 있습니다. 외상적 환경은 어쩌다 한번 경험하는 환경이 아니라 날마다 '반복되는 환경'입니다.

한 사람이 어릴 때부터 반복적으로 경험하는 환경이 한 사람을 만든다고 할 수 있습니다. 가족의 일상적인 분위기, 그리고 부모가 양육하는 일상적인 태도가 한 사람의 성격에 매우 중요한 역할을 합니다. 이것이 결정적인 원인이 됩니다.

부모는 자녀에게 세상에 대해서 생각하게 되는 출발지점이자 세상의 모든 이미지가 만들어지게 되는 대상입니다. 부모를 두려워하고 분노하는 사람은 세상을 두려워하고 분노합니다. 부모를 믿지 못하는 사람은 사람을 신뢰하는 법을 모릅니다. 세상의 질서를 파괴하고 싶어 하는 사람은 부모로부터 만족하지 못하는 경우가 많습니다.

사람들은 자신에 대해서 알고 싶어서 상담소를 찾아옵니다. 상담하면서 자신의 생각하는 방식과 행동하는 방식이 부모님으로부터 만들어졌다는 사실을 모르고 있었던 사람들이 많습니다. 그 사실을 받아들이는 사람들의 반응은 각각 달랐지만, 처음에는 마음으로 받아들이기 어려워하는 것도 사실입니다.

> 내담자: 제가 어릴 때 봤던 엄마 아빠는 항상 싸웠어요. 아빠는 2주에 한 번 집에 들어오셨어요. 그런데 오실 때마다 엄마랑 싸웠어요. 아빠는 우리를 항상 때렸어요. 그래서 아빠가 오면 정말 무서웠거든요.

> 상담자: 아빠가 정말 무서웠겠네요.

> 내담자: 네. 정말 아빠는 공포의 대상이었어요. 엄마와 아빠는 항상 싸우고 무서워서 우는데도 아무도 저를 위로해주는 사람이 없었어요. 그래서 저는 어느 날부터 울지 않기로 다짐했어요. 그렇게 무서운 집안 분위기에서 살아남는 방법은 제가 강해지는 방법 외에는 없었거든요.

자녀가 부모와 한집에서 사는 한 계속해서 반복되는 경험은 세상에 대한 마음을 만듭니다. 성격은 환경에 의해서 만들어지는 것입니다. 성격은 그 환경에서 살아남기 위해서 만들어진 생존적인 자아라고 말할 수 있습니다.

그래서 자신의 진짜 성격을 알기 위해서는 부모님으로부터 경험한 초기 경험을 잘 회상해야 합니다. 어릴 때부터 만들어진 성격은 지금 성인이 되어서도 살아가는 삶의 방식과 신기하게도 같습니다.

"저는 부모님이 싸우는 것을 보고 자랐어요."

"아버지는 항상 술을 마셨어요."

"저희 부모님은 은근히 아들을 선호했어요.
 제 앞에서는 표현하지 않았지만, 은근히 느꼈거든요."

"저는 둘째라는 이유로 항상 형한테 양보했어요.
 정말 억울했어요."

부모님의 부부싸움, 부모님 한 사람의 중독문제, 남아선호사상, 서열에 의한 차별 등은 어린아이가 경험하는 반복되는 환경입니다. 반복된 경험은 아이 스스로 만들어서 경험하는 환경이 아닙니다. 말 그대로 경험되는 환경입니다.

이렇게 반복된 환경에서의 경험은 성격이 되기도 하지만, 낮은 자존감, 불신감, 거절감, 상실감, 의존성의 문제, 친밀감 장애, 사고의 왜곡, 강박적 사고, 감정조절의 문제, 자기주장 능력의 결여, 배타적 독단성, 공격적 행동, 우월감, 열등감 등의 마음의 문제들을 만들고, 이 문제들의 핵심에는 반복된 환경에서의 경험이 있습니다.

반복된 행동

　반복된 환경은 반복된 행동을 만듭니다. 의미 요법을 창시한 빅터 프랭클린(Viktor Emil Frankl) 박사는 "그 사람의 행동을 자세히 관찰하면 마음의 의미를 알 수 있다"라고 했습니다. 한 사람이 추구하는 삶의 의미는 곧 마음의 세계를 알 수 있다는 말입니다.

　지나치게 책임감이 강하고, 지나치게 성취 지향적이든지 아니면 성취도가 낮든지, 권위자에게 반항적인 행동, 착한 아이의 모습, 연인과 같은 모습, 보호자의 모습 등은 과거의 시간을 통해 지금의 나를 새롭게 할 수 있는 아주 중요한 자료가 될 수 있습니다.

　"생각해보면 저는 엄마의 정서적인 애인이었어요.
　엄마는 늘 아버지와 대화가 통하지 않다고 생각했어요.
　그래서 정서적으로 만족감이 없어서인지
　항상 저와 많은 대화를 나누었어요."

　이럴 때 자녀는 '정서적 대리자'가 됩니다. 정서적인 대리자는 아들 혹은 딸 중에 배우자를 대신하는 역할을 맡습니다.

"제 남편은 밖에서는 법도 없이 살 수 있는 사람이라고
칭찬받는 사람이에요. 그런데 집에서는 정말 폭력꾼이에요.
정말 온 가족이 고통받고 있어요. 사람들은 정말 모를 거에요.
밖에서는 이렇게 부드럽고 유순한 사람이 집에서는 가족들에게
폭력적이라는 사실을 알게 되면 정말 놀랄 거에요."

착하게 살아야 한다는 생각을 가진 사람은 반복적으로 착한 행동을 하지만, 정작 자신의 마음에서는 분노로 가득한 경우가 많습니다. 왜냐하면 진심에서 우러나는 행동이 아니었기 때문입니다.

"저는 책임감이 이상하게 강해요.
그래서 회사에서도 많이 힘들어요.
제 위치에서 할 수 있는 생각과 역할 정도만 하면 되는데
이상하게 책임감이 강해서 그러는지 너무 과한 노력을 해요."

책임감은 좋은 덕목입니다. 그러나 책임감이 너무 과하면 자신이 자신을 힘들고 지치게 만들어 버립니다. 책임감이 너무 지나치면

주변 사람들과 친밀감 있게 관계하지 못합니다. 그냥 일만 할 뿐 관계는 그리 중요하게 생각하지 않기 때문입니다.

"저는 권위자들에게 반항심이 있어요.
권위자들이 당하는 모습을 보면 좋기도 하고 그래요.
그렇다고 그 사람이 미운 것은 아니에요.
그런데 이상하게 가까이 가고 싶지 않아요."

어릴 때부터 부모님에게 억압당한 반복된 경험을 했던 기억을 가진 사람은 현재 권위자들, 즉 교수, 선생님, 팀장, 임원, 목사, 사장 등과의 관계에서 어려움을 토로합니다. 자신보다 힘이 있는 위치에 있는 사람에게 마음의 저항심이 있습니다. 그래서 가까이 가고 싶지 않고 거리감 있는 모습을 보이거나 혹은 반항적인 모습으로 그들과 관계를 맺게 됩니다.

이처럼 반복된 행동은 나의 성격을 알 수 있는 중요한 자료입니다. 그래서 나의 행동을 그냥 쉽게 보고 지나치면 안 됩니다. 나를 새롭게 하고 나를 찾아가는 중요한 자료가 되기 때문에 그렇습니다.

저에게 반복된 행동은 '과한 책임감'입니다.

저는 어릴 때부터 인정받고 싶은 욕구가 강했습니다. 부모님은 완벽주의 성향이 강하셨는데, 완벽주의 성향을 가진 사람은 칭찬에 인색합니다. 특히 아버지는 칭찬에 약하셨습니다. 그래서 인정을 받기 위해 최선을 다했습니다. 공부도 열심히 했습니다. 그러나 마음에서는 언제나 놀고 싶었고 공부를 좋아하지 않았습니다. 그래도 공부를 잘해야 인정받을 수 있다고 생각해 최선을 다했습니다.

그런데 이상하게 마음이 어려웠습니다. 특히 제가 박사학위 논문이 통과되었을 때 마음이 허탈했습니다. 정말 어렸을 때부터 기대하고 기다렸던 순간이었습니다.

박사학위 논문이 통과되고 아버지에게 전화했습니다. 아버지는 "고맙다. 그동안 수고가 많았다."라고 말씀을 하시면서 눈물을 흘리셨습니다. 기분이 좋았습니다. 정말 인정받는 기분이었습니다.

그런데 이상하게 그날 저녁 잠자리에 들려고 하는데 점점 마음에 공허감이 몰려왔습니다.

"내가 무엇 때문에 살았던 거지?"

이런 생각이 들었습니다. 최선을 다했고, 열심히 했습니다. 장남으로서 과한 책임감을 느끼면서 열심히 공부했습니다. 그리고 결국 박사학위를 받았습니다. 그런데 이상하게 왜 그런지 모르지만 마음이 허전하고 공허했습니다.

가만히 돌이켜 보면 박사가 된 것도 아버지에게 인정받기 위해 공부한 것이라는 생각이 들었습니다. 그래서 열심히 노력해 박사학위를 받았지만, 그것이 나의 존재 목적이 아니었음을 뒤늦게 알았습니다. 상담을 공부하고 임상 훈련을 받으면서 마음의 상처와 고통에서 벗어났다고 생각했지만 어떤 역할이 없어졌다는 생각에 의미가 사라진 기분이었습니다.

그러면서 제 마음에서 사진처럼 기억되는 어릴 적 한 장면이 생각났습니다.

제가 초등학교 2학년 때 아버지는 시계 보는 법을 가르쳐주셨습니다. 아버지는 성격이 좀 급해서 한번 설명해준 것을 두 번 설명해주기를 싫어하셨습니다. 평소에 아버지를 무서워하던 저는 아버지에게 배우는 게 싫었습니다. "몇 시 몇 분"이라고 간단히 배우는 내용이지만 제 머릿속은 정말 하얗게 변하는 것 같았습니다.

아버지가 아무리 설명해주셔도 머릿속에 들어오는 것은 정말 하나도 없었습니다. 그런 저를 아버지가 보고 답답하셨는지 얼마나 많이 혼났는지 모릅니다.

'시간을 보지 못하는 것이 이렇게까지 혼나야 되는가?'
'오늘 처음 배우는 것인데 이렇게까지 잘못한 것인가?'

정말 억울했습니다. 그때의 장면이 무서울 정도로 마음에 사진처럼 기억하고 있었습니다.

하지만 아버지도 속상하셨는지 저를 혼내시고는 밖에 나가셔서 오후 늦게 들어오셨습니다. 저는 아버지가 들어올 때까지 책상에 앉아서 공부하고 있었습니다. 그날 아침에 공부 때문에 혼이 났기 때문에 공부를 해야 한다고 생각했습니다. 아버지는 집에 들어오시면서 책 다섯 권을 사 오셨습니다.

"이거 잘 읽어."

지금 생각해보면 아버지가 미안한 마음에 책을 줬다고 생각되지만 어릴 때는 책을 열심히 읽어야겠다는 생각 밖에 하지 못했습니다.

그런데 그 책이 솔직히 너무 어려웠습니다. 글씨는 너무 작고, 내용은 너무 어려웠습니다. 책 제목은 기억이 나지 않지만 확실한 것은 별로 보고 싶지 않고 관심도 없는 내용의 책이었던 것은 확실합니다. 그런데도 저는 그 책을 읽기 위해서 열심히 노력했습니다. 가만히 생각해보니까 어릴 때부터 지금까지 무엇인가를 열심히 노력하고 과한 책임감을 가진 사람으로 살아왔습니다. 그래서 힘들었습니다.

여러분은 어떠신가요?

이런 사실을 스스로 인식하는 것만으로도 삶의 많은 변화를 가져올 수 있습니다. 정작 자신을 인식하는 일은 매우 어렵지만 변화를 위해 반드시 필요한 과정입니다. 그래서 답이 나오지 않는 이야기 같지만 자기의 어릴 적 이야기를 언어로 끄집어내고, 이야기를 나누고, 그 기억 속에 담긴 자신의 감정을 자꾸 언어로 표현해야 합니다. 그래야만 자기 내면의 구조를 다시 새롭게 할 수 있습니다.

성격에 대한 균형이 있는 이해

우리 집 앞에는 꽤 넓은 공터가 있습니다. 공터에 아파트가 들어온다는 소문은 이미 들어서 알고 있었습니다. 그리고 몇 달 후 정말 아파트를 짓기 위한 기초 공사가 시작되었습니다. 그런데 땅을 파는 기초 공사를 제가 생각하는 것보다 훨씬 오래 하는 것입니다. 집을 짓는 데도 가장 중요한 것이 기초 공사이기 때문입니다.

인간을 건물이라고 한다면 기초 공사를 튼튼히 하면 좋은 성격이 형성됩니다. 성격은 기초 공사의 결과라고 할 수 있습니다.

인간의 심리와 사고, 행동의 차이를 설명하려는 노력은 역사적으로 계속 이어져 왔습니다. 그중에 코스타와 맥크레이(Costa & McCrea)가 개발한 '성격 5 요인'(Big Five)이 있습니다.

우호성, 외향성, 성실성, 개방성, 안정성과 같은 성격은 삶의 질을 결정할 수 있는 굉장히 중요한 다섯 가지 성격입니다. 이렇게 다섯 가지 성격이 조화와 균형감 있게 개발되기 위해서는 무엇보다도 부모님의 양육 태도가 굉장히 건강해야 합니다.

양육 태도는 한 사람의 성격을 만듭니다.

내가 어떤 자리에 있든지, 대인관계를 하는 모든 관계 능력에는 나를 양육했던 가장 영향력 있던 대상으로부터 받은 그대로를 전하게 됩니다. 그래서 과거의 시간인 것 같지만, 현재에도 영향을 줍니다. 여전히 내가 누군가에게 영향을 주고 있는 현재입니다.

저희는 맞벌이 부부입니다. 요즘 젊은 부부들이 대부분 그렇겠지만, 부부가 서로 일을 하지 않으면 생활이 어려운 형편인 분들이 많이 있습니다. 저희도 그랬습니다.
하지만 맞벌이로 일하고 있다고 하면 어르신들은 "아이는 엄마가 봐줘야 하는데" 하며 말씀하셨습니다. 물론 그분들의 말씀이 어떤 의미인 줄은 압니다.

그러나 더 중요한 것은 사랑의 시간은 그 사람과 얼마나 오랫동안 같이 있었느냐가 아닙니다. 많이 있는 시간보다 사랑하는 시간이 더 중요합니다. 그래서 사랑의 질적인 요소가 굉장히 중요합니다.

아이가 강압적인 인격을 소유하고 있는 엄마와 종일 같이 있었다고 생각해보십시오. 또는 완벽주의적인 양육 태도를 소유한 엄마와 아이가 종일 같이 있었다고 생각해보십시오.

엄마가 가지고 있는 반복적 양육 태도는 결국 아이에게 전달이 되고, 그 양육 태도는 마음에 그림자처럼 남아서 성인이 되어도 내가 받았던 대로 또 다른 누군가에게 그대로 재현하게 됩니다.

이런 이야기를 하게 되면 마음이 아프고 분노가 올라올지도 모릅니다. 그러나 과거의 양육 태도를 잘 탐색하는 작업은 긍정적인 미래를 준비하는 현재입니다.

많은 사람이 불편한 감정이 올라오면 그 감정을 느끼고 싶지 않아서 심리적으로 회피하거나 더는 생각하려고 하지 않습니다. 그러나 과거의 시간을 정성스럽게 가꾸어내는 사람은 미래가 밝습니다.

감정은 그때를 기억합니다

마음에 충격으로 경험된 기억은 마치 지금도 일어난 것처럼 느껴집니다.

"그게 몇 년 전에 있었던 일인데 아직도 그렇게 말하냐?"

하지만 상처를 당한 사람의 입장에서는 다릅니다. 마치 지금 일어난 것과 같은 느낌을 경험합니다. 감정이 그때를 기억하고 있어서 그렇습니다.

여러분은 친구들과 많은 대화를 하시나요?

상대방의 이야기를 듣다가 내가 경험한 것과 유사한 것이 있으면 "나도 그런 적이 있다."라고 자신의 기억을 떠올렸던 경험을 했을 것입니다. 이것을 가리켜서 '플래시백'(Flashback)이라고 말합니다. 앞에서 설명한 것처럼, 플래시백은 그냥 이야기를 통해서 기억되는 단순한 기억이라 할 수 있습니다. 그러나 감정을 치유하는 것은 마음에 오랫동안 저장되어 있던 기억을 꺼집어 내는 일입니다.

아내는 쇼핑몰 사업을 합니다. 사업을 하는 고충이 많아서 힘들 때가 많습니다. 지친 아내를 보면 안쓰러운 마음이 듭니다. 그런데 한 번은 의상 모델과 촬영을 하고 난 뒤, 그 다음번 촬영을 2주 뒤에 하기로 했다는 것입니다. 그리고 2주 동안 아내가 엄청나게 힘들어 하는 것입니다. 그래서 하루는 진지하게 대화를 했습니다.

"잘 모르는 사람과 일을 하려고 하는데 마음이 눌리는
 기분이었어. 약속 시간보다 늦게 와서는 자기 것 다하고
 촬영을 하는데 정말 마음이 힘들었어."

사실 그날 만난 모델은 일부러 아내에게 상처를 주려고 한 것은 아니었을 것입니다. 그러나 어떤 이유에선가 아내는 참 힘들어했습니다.

아내는 어린 시절 사진처럼 기억하고 있는 장면에 대해 말해주었습니다. 아내는 어릴 때 할머니와 함께 자랐습니다. 그런데 할머니는 굉장히 엄하셨습니다. 그런 할머니한테 오빠와 언니가 항상 혼이 나는 것을 보면서, 본인은 그런 분위기에서 말을 잘 듣는 착한아이 역

할을 해야만 했습니다. 아내는 착한 아이 역할을 해왔기 때문에 할머니에게 혼이 나지는 않았지만, 감정은 억압해야 했습니다. 할머니한테 친절하게 하려고 하는 것처럼 모델에게도 똑같이 행동하는 자신을 보았습니다. 그런 자신이 불쌍하게 생각되었습니다.

아내 안에는 착하고 말 잘 듣는 내면아이가 있었습니다. 그 아이와 깊은 대화가 필요해 보였습니다. 아내는 신경이 쓰이거나 마음이 힘들 때마다 치아가 흔들리는 현상이 있습니다. 이런 현상을 신체화 현상(somatization disorder)이라고 합니다.

자신의 감정과 대화를 나누는 것은 나를 위한 작업입니다.

행복한 사람은 자기 자신을 사랑하는 사람이라는 말을 많이 들어왔습니다. 그런데 제게는 그 말이 좀 어렵게 느껴졌습니다. 자신을 사랑한다는 것이 구체적으로 무엇일까? 생각해보면 솔직히 추상적으로 느껴졌습니다. 상담을 공부하고 학교에서 학생들을 가르치고 현장에서 상담하면서 얻어진 결론은 자신을 사랑하는 것은 자신의 감정과 친해지는 것입니다.

자신의 감정과 친해지기 위해서는 감정과 많은 대화를 나누어야 합니다. 인간관계도 깊은 대화를 나눌수록 관계가 깊어지기 마련입니다. 감정도 마찬가지입니다.

깊은 대화는 말하는 사람이 일방적으로 말하는 것이 아닙니다. 상대방과 대화를 나누어야만 만족감이 높은 대화를 기대할 수 있습니다. 그러나 내가 만나기 편한 사람만 만나면 인간관계의 폭이 넓어지기 어렵습니다.

감정도 그렇습니다. 내가 느끼고 싶은 감정만 느끼려고 하면 내면아이에 성장을 결코 기대할 수 없습니다. 우리는 부정적인 감정으로 여겨지는 감정들과도 친해지려고 의도적인 노력이 필요합니다. 분노, 슬픔, 시기, 질투, 서러움 등 부정적인 감정 등으로 여겨지는 감정들과 친해져야만 진짜 내가 원하는 것이 무엇인지 알 수 있습니다. 그리고 억압되었던 감정들이 풀어져야 용서가 가능할 정도로 성장합니다.

부정적인 감정을 느끼고 싶지 않아서 무의식적으로 스스로 억압하는 사람들이 많습니다. 억압된 감정들이 많을수록 '나에 대한 기대감'이 너무 높아서 현실감 없는 목표를 많이 세우기 마련입니다. 현실감이 부족할수록 마음에서 하고 싶은 것만 많을 뿐 실천력이 부족합니다.

그리고 내가 타인에게 가지고 있는 기대가 너무 커서 그 사람이 내가 생각했던 기대만큼 기대를 채워주지 않으면 상대방에 대한 가치를 절하시켜서 갈등을 일으키는 경우가 대단히 많습니다. 이것은 상대방을 있는 그대로 볼 수 있는 객관적인 능력이 부족한 것입니다.

자기심리학자 하인즈 코헛(Heinz Kohut)은 정신 분열 환자의 기준을 너무 과한 기대감이라 했습니다. 그래서 부정적인 감정과 대화를 나누는 과정은 나 자신과 친해지게 되는 내적 프로세스 작업입니다. 여러분이 지금-여기서 느끼는 감정을 그냥 무시하시면 안 됩니다. 다시 말해서 여러분 안에 있는 내면아이와 깊은 대화를 많이 나누셔야 합니다. 내면아이는 내 인생을 조정하는 조종사라고 말씀드렸습니다. 내면아이와 깊은 대화를 나누는 것은 결국 나를 성장하고 변화시키며 미래를 긍정적으로 열어가고 준비하는 아주 중요한 내면 작업입니다.

하나님은 어떻게 치유하실까요?

다윗은 사울의 쫓김을 피해 블레셋 땅에 머무를 때가 있었습니다. 그러던 어느 날, 다윗은 아기스 왕에게 부탁을 합니다. 작은 성에서 자신과 그의 부하들이 살았으면 좋겠다는 부탁을 했습니다. 아기스 왕은 흔쾌히 시글락을 주어 살게 했습니다.

그런데 블레셋과 이스라엘이 전쟁하게 되는 일이 생겼습니다. 아기스 왕을 돕고 싶었던 다윗은 그의 부하들과 자신의 동족 이스라엘과 전쟁을 하기 위해 함께 블레셋 진영에 합류했습니다. 그러나 블레셋 장수들의 반대로 다윗과 그의 부하들은 전쟁에 참여하지 못합니다.

그리고 다시 시글락으로 돌아옵니다. 그런데 돌아와 보니 아멜렉이 시글락을 공격해 가족은 노예로 끌고 갔고 집들은 불태워 버렸습니다. 다윗의 두 아내 아히노암과 아비가일도 노예로 끌려가게 되었습니다.

그런데 엎친 데 덮친 격으로 지금까지 자기와 함께 했던 부하들이 다윗에게 모든 원인을 돌립니다. 그리고 다윗을 돌로 쳐죽이려고까지 합니다.

지금까지 믿어왔던 부하들이었습니다. 믿었던 사람들에게 버림과 배신을 경험하게 됩니다. 게다가 지금까지 사울의 쫓김을 피해 여러 번의 죽을 위기를 함께 극복하기까지 했던 동료들입니다. 어쩌면 가족보다 소중한 사람들입니다. 믿었던 사람들에게 배신당하고 소중한 가족들과도 생이별을 경험합니다.

그때 다윗은 어떤 선택을 했었을까요?

> 다윗이 아히멜렉의 아들 제사장 아비아달에게 이르되 원하건대 에봇을 내게로 가져오라 아비아달이 에봇을 다윗에게로 가져가매 다윗이 여호와께 묻자와 이르되 내가 이 군대를 추격하면 따라잡겠나이까 하니 여호와께서 그에게 대답하시되 그를 쫓아가라 네가 반드시 따라잡고 도로 찾으리라 (사무엘상 30:7-8)

다윗은 제사장 아비아달에게 자신의 마음을 이야기했고, 그리고 하나님의 뜻을 구했습니다. 배신감과 분노로 충동적으로 행동하지 않았습니다. 대신 배신감과 분노의 아픈 감정을 무시하지 않고 그 감정을 그대로 이야기를 나누면서 이런 과정에 하나님의 뜻을 구합니다.

감정으로 행동하면 무슨 일이든 실수합니다. 그러나 불편한 감정을 그대로 인정하고 상담을 통해 마음을 정리한 후, 하나님의 음성을 들으면 객관적인 전략으로 이어질 수 있는 확률이 굉장히 높습니다.

다윗은 이런 과정을 통해 아말렉을 공격하기 위해 쫓았습니다. 그런데 600명의 군사들 가운데 200명은 많이 지쳐서 브솔시내에 머물러야 했습니다. 그리고 남은 400명의 군사와 함께 아말렉을 다시 쫓았습니다.

그때 이름 모를 이집트 소년을 만나 소년이 아말렉 군사들이 있는 지역까지 안내를 해줍니다. 아말렉 군사들은 블레셋 땅과 유다 땅에서 약탈한 것들을 가지고 여기저기 흩어져 신나게 먹고 마시고 있었습니다.

다윗은 아말렉을 보자마자 공격하지 않았습니다. 새벽에 공격했습니다. 방심할 수 있고 술에 취해 정신이 혼미한 틈을 타 공격을 하기로 계획한 것입니다. 공격의 결과는 대성공입니다. 아말렉 사람들은 죽거나 도망갔습니다. 헤어진 가족들은 다시 만나게 되었습니다.

믿음의 사람들은 하나님을 바라보고 신앙생활을 합니다. 그게 물론 맞습니다. 그러나 그렇다고 해서 자신의 힘든 마음을 무조건 억누르고 행동하는 것은 좋은 행동으로 이어지지 않습니다.

자신의 힘든 마음을 누군가에게 가서 상담하는 것은 결코 부끄러운 일이 아닙니다. 또한 힘든 마음을 표현하는 사람에게 믿음이 없다고 단정 짓는 것도 해서는 안 됩니다.

저는 목회 상담을 전공했고 지금도 목회와 상담을 통해서 많은 영혼을 주님의 이름으로 섬기고 있습니다. 제가 지금까지 사역하면서 느낀 것이 있다면 믿음의 사람들이 오히려 자신의 힘든 마음을 표현하는 것이 너무 서툴다는 것입니다. 물론 하나님만 바라보고 기도와 말씀으로 이기려는 신앙의 태도는 굉장히 칭찬받을 만한 일입니다. 그렇지만 이웃과 소통을 하는 것도 매우 중요합니다.

하나님은 자신의 힘든 마음을 돌아보고, 믿음의 사람들과 나누며, 하나님의 뜻을 이루려는 치유의 과정을 굉장히 중요하게 생각하십니다.

특히 믿는 사람들 가운데 소중한 사람으로부터 배신과 분노의 감정을 겪고 있는 사람들이 많이 있습니다. 그리고 그런 감정을 어떻게 해결해야 할지 몰라 영적인 방황을 하는 사람들이 많이 있습니다.

마음은 표현해야 합니다. 부정적인 감정들도 표현해야 합니다. 그런 감정을 무시하면 마음은 억눌려지고 신체적인 건강은 점점 나빠지게 될 것입니다. 용기를 내서 자신의 분노와 슬픔, 그리고 배신받아 억울함, 속상함 등의 감정을 표현하십시오.

두 번째 이야기
내 안에 엄마 있다

내담자: 저는 어릴 때 소리 지르는 아버지가 정말 싫었어요.
아버지는 술을 마시고는 소리를 지르셨어요. 그때마다
정말 무서웠어요. 그때마다 저는 자는 척을 했어요.

상담자: 그러셨군요. 어린 나이에 두려움을 느끼셨군요.
정말 쉽지 않으셨을 것 같아요.

내담자: 그런데 말이죠. 그런 아버지가 너무 싫었는데 제가 지금
아버지와 똑같이 하고 있어요.

이 내담자처럼 사람들은 '아버지처럼 살지 말아야지' 하지만 아버지와 같은 행동을 합니다. 또 어떤 여성은 '엄마처럼 살지 말아야지' 하면서 엄마와 똑같은 삶을 삽니다.

도대체 왜 그럴까요?

어릴 때 경험했던 아버지와 어머니는 분명 과거의 경험입니다. 그런데 부모님처럼 행동하고 있다면, 도대체 내 안에 어떤 것이 문제가 되는 걸까요?

어린 시절 경험한 부모님은 아이에게는 절대적인 존재입니다. 어쩌면 신적인 존재라고 해도 과언이 아닐 것입니다. 그래서 아이들은 부모님을 이상화합니다. 그리고 이상화된 부모의 말과 행동, 태도들을 모방하고 학습해서 배웁니다. 이것이 '성격'(personality)입니다.

지금 나의 성격은 과거에 나와 관계했던 경험의 결과입니다.

과거의 경험은 결코 과거로 끝나지 않습니다. 현재 나의 삶에 지대한 영향을 줍니다. 나의 인격은 과거의 관계 경험의 결과로 연결되어 있습니다. 그러므로 먼저 해야 할 일은 과거의 경험을 관리하는 일입니다.

과거보다 미래가 중요하다고 말하는 사람들이 있습니다. 물론 맞는 말입니다. 그러나 과거와 현재 그리고 미래는 따로 분리된 시간이 아닙니다. 하나로 연결된 시간입니다.

현재 느끼는 감정과 생각은 과거에서부터 지금까지 그래왔던 습관이고, 이런 습관이 계속 쌓여 미래를 만듭니다. 그래서 과거를 소중하게 생각하고 돌보면 현재와 미래도 긍정적으로 바뀔 수 있습니다.

완벽한 엄마가 아닌 충분히 좋은 엄마

a. 대인관계의 다리

"저는 항상 혼자 있는 느낌이에요. 사람들과 같이 있어도
 왠지 혼자 있는 듯한 느낌이거든요."

사람들과 같이 있지만 혼자 있는 듯한 느낌을 받는 사람이 있습니다. 왠지 물과 기름처럼 관계가 겉도는 듯한 느낌을 받는 사람은

어릴 적 환경 경험으로부터 만들어진 인격적인 구조 때문입니다.

아이는 스스로 자신이 느끼는 감정이 무엇인지 모릅니다. 그래서 엄마가 자기가 느끼는 감정을 대신 말해주어야 합니다.

"우리 딸이 엄마가 밥을 늦게 준다고 짜증이 났구나."
"우리 아들이 엄마가 늦게 와서 걱정했구나."

이런 감정을 읽어주면 "내가 느끼는 지금의 감정이 짜증이구나, 걱정이구나"라고 자신의 감정을 배우게 되며 "나는 사랑받는 사람이구나."라고 자신을 생각하게 됩니다. 이를 가리켜 '자기 이미지'라고 합니다.

자기 이미지는 스스로 자신을 바라보는 마음의 눈입니다. 자기 자신을 긍정적으로 바라보든 부정적으로 바라보든, 중요한 것은 마음의 눈은 누군가에 의해서 만들어진다는 것입니다. 어릴 적 나를 양육해주었던 부모님의 표정과 정서적 유대관계를 통해 내가 본 부모님의 모습이 결국 나의 이미지가 됩니다.

b. 건강한 자기애

　우리는 있는 모습 그대로를 수용하고 인정해주는 사람이 필요합니다. 만약 내가 아닌 다른 모습으로 자신을 포장해야 한다고 생각하면 이는 상대방에게 거절 받고 싶지 않고 버림받고 싶지 않은 마음 때문입니다.

　나를 있는 그대로 표현할 수 있는 '건강한 자기애'가 형성되면 내가 원하고 생각하고 바라는 모습을 화내지 않고 표현할 수 있습니다.

　그러나 내가 생각하고 느끼는 감정을 표현해도, 엄마가 무섭고 아빠가 무섭고, 말해봤자 어차피 받아주지도 않는다는 생각을 하면, 자신의 것을 감추어 버립니다. 울고 싶은 마음을 감추고 밝고 환한 모습으로 자신을 포장해 버립니다. 어릴 적 신뢰가 부족했던 사람은 버림받지 않기 위해 다른 것으로 자신을 포장하며 상대방이 떠날 것을 걱정합니다.

c. 좋은 돌봄

저의 아버지는 굉장히 가정에 충실한 분이셨습니다. 성실하시고 책임감이 무척 강하셨습니다. 지금도 기억하고 있는 아버지의 모습은 언제나 부지런하고 밖에서 열심히 일하시는 모습입니다.

그러나 저의 마음에는 언제나 2% 부족함을 느꼈습니다.

뭐라고 딱히 말할 수는 없는 거였지만, 어느 날부터 아버지와 같이 있으면 부담스러웠습니다. 그래서 고등학교 때부터는 아버지와 대화를 하지 않으려고 했습니다.

그런데 이런 생각이 드니 죄책감이 생겼습니다. '우리를 위해서 이렇게 열심히 사시는 분인데 내가 이런 좋지 않은 마음을 가져도 되는지.' 하는 생각이 죄책감을 낳았고, 그 죄책감은 나의 현재의 감정을 누르고 덮으려고 했습니다.

그리고 아무 일이 없는 것처럼 살던 어느 날, 드디어 사건이 일어났습니다. 아버지는 술을 드시고 집에 들어오시면서 "내가 너한테 못 해준 게 뭐가 있냐? 내가 너를 학원을 안 보내줬냐? 옷을 안 사줬냐? 그런데 너는 뭐가 그렇게 불만이냐?" 하면서 화를 내셨습니다.

아버지한테 단 한 번도 반항하지 않고 성장했기 때문에 그 상황에서도 그냥 물끄러미 서 있기만 했습니다. 그렇다고 뭐라 딱히 틀린 말씀도 아니셔서 할 말도 없었습니다.

그러나 저는 계속 의문이 있었습니다. '정말 왜 그럴까? 아버지 말씀대로 정말 아버지는 나한테 안 해준 것이 없는데, 왜 나는 아버지가 싫은 걸까?'라는 생각이 괴로웠습니다.

나중에 알게 된 것이 '역할'이었습니다.

아버지로서 할 역할은 충분히, 아니 과하실 만큼 기능적으로 역할을 다하셨습니다. 그런데 아버지는 저의 감정을 읽어주는 것이 무엇인지 모르셨습니다. 그도 그럴 것이 아버지도 그런 경험을 못 해보셨기 때문에 자식에게 감정을 표현할지도, 가르치지도 못하셨습니다.

상담하면서 느끼는 점은 이와 비슷한 경우입니다. 의외로 자기가 해달라는 것은 다 해주었는데 가족들은 나한테 뭐가 불만인지 모르겠다고 말하는 사람들을 많이 만납니다.

사람들은 돌봄에 대해 어떤 역할을 기능적으로 감당하면 자신의 역할을 다했다고 생각합니다. 그러나 좋은 돌봄은 마음을 함께 하는 것입니다. 물론 기능적인 역할도 중요합니다. 그렇다고 기능적으로 다 했으니까 정서적인 돌봄이 필요 없다는 것이 아닙니다. 사람은 마음이 외로워서 죽는 경우가 더 많습니다.

d. 반영

자녀는 어머니가 느끼는 대로 느끼고, 어머니가 싫어하는 것은 자연스럽게 싫어하게 되어 있습니다. 중요한 것은 내가 누군가에게 좋은 정서적인 지원을 하기 위해서는 먼저 내가 나를 사랑해야 한다는 것입니다.

나 자신을 사랑하는 것은 억눌렸던 감정을 피하지 않고 대면하는 것입니다. 나의 감정을 자꾸 억누른다는 것은 어릴 적 받고 싶었지만 받지 못했던 그때의 그 아이를 스스로 외면하고 있는 것이라고 해도 과언이 아닙니다. 즉, 내 안에 있는 '내면아이'를 사랑할 수 있어야 나를 사랑할 수 있습니다.

내면아이와 대화를 나눈 적이 없고, 정서적으로 위로해 준 적이 없는데 어떻게 내 아이나 다른 사람과 정서적인 대화가 가능할 수 있겠습니까? 그래서 내 안에 있는 내면아이를 위로해야만 자연스럽게 다른 사람에게도 부담되지 않게 사랑을 흘려보낼 수 있습니다.

e. 접촉

갓난아기였을 때 우리는 누군가를 필요로 했고 신체적인 접촉을 해야만 했습니다. 하지만 신체적인 접촉이 부족했다면 지금 어른이 되어서도 누군가가 자신을 만져주기를 바랍니다.

나를 쓰다듬어 주고, 나를 어루만져 주고 싶은 것은 기본적으로 누군가에게 의존된 상태에서만 경험되는 것입니다. 이런 경험이 부족하면 어떤 소망을 품게 되는데 그 소망을 가리켜서 '유아기적 소망'이라고 프로이트는 말합니다.

사람은 결코 혼자서 못삽니다. 누군가의 의존된 경험을 통해서 세상을 바라보고 생각하게 되어 있습니다.

f. 반응

아이는 '목소리'를 통해서 상대방을 인식합니다. 제 딸 이름은 '시온'입니다. 유모차를 타고 자는 모습에 "시온아!"라고 불렀는데, 시온이가 눈을 딱 떴습니다. 옆에 있던 분이 "얘 좀 봐. 자기 아빠 목소리를 알아보네"라고 하는데 그때 그 모습을 잊을 수가 없었습니다. 아이의 표정은 마치 '우리 아빠 목소리다'하는 신비롭고 놀라워하는 모습이었습니다.

그런데 나를 불러주는 목소리가 불안한 목소리라면 어떨까요? 평안하고 감사가 있고 확신이 있는 목소리를 들려줘야 합니다. 아이는 자기에게 말하는 사람의 목소리를 통해 자신의 자존감을 키웁니다. 이것을 가리켜 에릭 에릭슨(Erik Erikson)이라고 하는 심리학자는 '존재의 내면 인식의 확립'이라고 하였습니다.

기질보다 더 중요한 것이 부모양육태도입니다

이상의 여섯 가지의 조건들을 보면서 부모 양육 태도가 얼마나 중요한지를 알게 됩니다. 주양육자가 자녀를 양육하는 양육 태도는 한 사람이 평생을 살아가는 마음의 창이 됩니다. 그리고 부모가 나를 양육했던 양육 태도는 나 자신과 관계를 맺는 내면적 기능과 다른 사람들과 관계를 맺는 외현적 기능이 됩니다.

그런데 부모 양육 태도는 쉽게 바뀌지 않습니다. 부모 양육 태도는 부모의 정서적 상태를 통해 양육되는 것인데, 현재 부모의 정서적 상태는 그 부모의 부모로부터 물려받은 것입니다. 그리고 나의 무의식은 세대가 지나도 그대로 전수됩니다.

내가 현재 정서적으로 불안하고 예민하면 나의 자녀도 그렇게 될 확률이 굉장히 높습니다. 그러기 때문에 정서적인 문제는 현재 나로부터 변화되지 않으면 결코 우리 집안이 바뀔 일은 거의 없습니다.

너무 완벽주의적인 양육 태도, 강압적이거나 방임하는 양육 태도, 신체적·정서적·성적 학대를 하는 양육 태도, 거절의 양육 태도, 과허용과 과보호의 양육 태도는 결국 부모님의 인격으로만 남는 것이 아닙니다. 그런 경험을 하는 자녀들 역시 똑같이 부모님의 모습을 그대로 내면화시켜서 그 자녀의 자녀에게도 받았던 것을 다시 돌려주게 됩니다.

내 안에 있는 내면아이는 어린 시절의 '경험', '태도', '삶의 양식'이 만들어진 상태입니다. 그래서 반복적으로 행동하게 되는 출발점이 되는 것입니다.

부모와의 접촉과 상호작용을 통해서 아이는 부모를 닮습니다. 그리고 그것이 성격의 조직화를 이루는 것으로 정신분석학자들은 보고 있습니다. 게다가 부모님이 아이들에게 했던 말과 행동이 자신을 그렇게 스스로 인식하게 만드는 강력한 능력이 있습니다. 이를 가리켜서 '내면화된 부모의 목소리'라고 게슈탈트 심리학(Gestalt Psychology)을 창안한 프리츠 펄스(Fritz Perls)는 말했습니다.

우리의 마음속에는 수많은 부정적인 목소리들이 입력되어 있습니다. 부모에게 들었던 말이 녹음된 음성처럼 나의 마음에 저장되어서 내가 나에게 그렇게 말하고 있다는 것입니다.

"네가 할 줄 아는 게 뭐가 있어?"

"너는 근본적으로 잘못됐어."

"원수"

"바보"

"미친"

부모들이 자녀를 양육하면서 단순히 감정적으로 했던 말이든, 그냥 했던 말이든 부모에게 들었던 말은 녹음된 음성이 되어서 나를 괴롭힙니다.

내면부모

　내가 어린 시절 부모에게 양육 받아왔던 방식을 아는 것은 굉장히 중요한 일이라고 거듭 말씀을 드리고 있습니다. 그 이유는 부모의 양육방식은 내면의 인격이 되고 삶을 살아가는 특정한 방식이 되기 때문입니다. 부모가 나에게 어떤 태도로 양육했고, 어떤 말을 했고, 어떤 행동을 표현했는지에 따라 인격이 형성됩니다. 나도 모르게 학습된 부모의 모습은 똑같지 않더라도 닮게 되어 있습니다.

　우리 마음에는 자라지 못한 내면아이도 있지만, 내면부모도 함께 있습니다. 두 가지 인격이 내 안에서 싸우기도 하고, 타인과 관계하기도 합니다.

　그런데 내 안에 부모님의 모습이 있는지를 인식하기란 쉬운 일이 아닙니다. 내면아이를 발견하는 것 못지않게 어려운 일입니다.

　특히 나의 내면에 있는 부모님의 모습은 대인관계를 통해 드러납니다. 자기보다 힘이 약한 사람들, 후배, 지위가 낮은 사람들, 그리고 배우자와 관계할 때 드러나는 모습은 내면에 부모의 모습이 작동

되어 나타나는 것입니다.

"저희 엄마는 뭐든지 하지 말라고 해요."

"저희 아버지는 욱하고 화를 내요. 평소에는 순하지만 한 번 화가 나면 정말 불같이 화를 내요. 그래서 언제 아빠가 화를 낼지 몰라서 눈치 보고 자랐어요."

내면에 있는 부모의 모습이 나도 모르게 밖으로 나오는 것입니다. 그러나 내면아이와 내면부모가 조화와 균형감 있는 노력을 하게 되면 그렇게 싫었던 부모의 모습에서 조금씩 벗어날 수 있습니다.

저는 권위자들에 대한 불편함이 있습니다.

처음에는 왜 그런지 잘 몰랐습니다. 마음에서는 가까이 가고 싶지만 그렇게 하지 못하는 저를 알아차려도 그 이유를 잘 몰랐습니다.

저는 아버지와 관계의 어려움이 있었습니다. 나의 내면아이는 내 마음에 있는 내면부모의 관계에서 어렵고 자신의 감정과 생각을 제대로 표현하지 못하는 아이가 있었습니다. 그리고 저는 이 사실을 몰랐습니다. 그래서 지난날들을 회상해 보았습니다. 선생님, 교수님, 직장 상사 등 저보다 권위가 있는 분들과 뭔가 불편했습니다.

내면아이와 내면부모의 관계가 결국 현재 만나고 있는 사람들과의 관계에서 동일하게 적용되고 있었습니다.

아버지로부터 심한 구타와 심리적인 거절감을 경험했던 내담자를 만났던 적이 있습니다. 저는 내담자의 아버지를 만난 적이 없었지만 이 분은 저와 상담하면서 저를 아버지처럼 대하고 있습니다. 그래서 상담하는 동안 아버지에 대해 느끼고 있는 분노와 두려움을 저에게 동일하게 느끼며 쏟아놓기 시작했습니다.

우리 안에는 두 가지 인격이 있습니다.

자라지 못한 내면아이와 부모님의 모습을 닮은 내면부모입니다. 이 두 가지 인격이 내 안에서 조화와 균형감 있게 성장하지 못하면 아쉽지만 삶의 변화는 있을 수 없습니다.

제가 권위자가 불편해서 가까이 가지 못했을 때 내면아이와 내면부모를 살피면서 알게 된 사실은 그동안 저와 함께 한 상사들에 대한 마음을 이해를 할 수 있을 정도로 마음이 넓어지는 경험입니다.

그 뒤로부터는 상사 앞에서 너무 잘 보이려고 노력하지도 않고, 그렇다고 너무 실수하지 않으려고 하는 긴장을 덜 하게 되었다는 것입니다. 이런 것을 일찍 알았더라면 관계의 즐거움을 깊고 넓게 경험했을 텐데 하는 아쉬움이 있었지만, 그래도 마음이 한결 편안해졌습니다. 솔직히 제 자신이 성장하고 발전하는 것 같은 기분이 들어 스스로 칭찬해주었습니다.

감정에도 습관이 있다

저희 아이들은 음식을 편식하는 습관이 있습니다.
그러면 아내가 잔소리합니다.
아이들이 균형있게 성장하기 위해 가르치려는 노력입니다.

우리 내면도 동일합니다.

억압된 감정, 즉 내면아이는 정서적인 편식을 하는 습관이 있습니다. 나에게 익숙한 감정들이 느껴질 때 편안한 행동을 하게 됩니다. 누가 나를 무시한다, 나를 화나게 한다, 나를 소외시킨다 등의 상황보다는 익숙한 감정이 느껴지면 감정에 따른 행동을 반드시 하게 됩니다. 그래서 내면아이가 느끼는 감정 중 어떤 감정을 습관적으로 느끼고 있는지를 아는 것은 굉장히 중요합니다.

그리고 그 감정 또한 존중해줘야 합니다. 사람은 느끼는 대로 생각하고 행동합니다. 그러기 때문에 객관적인 감정을 스스로 탐색하는 습관을 갖는 것은 매우 중요합니다.

내면아이는 감정이 성장이 안 된 억압된 심리적 상태입니다. 내면아이가 느끼고 있는 감정은 그때 어린 시절에서 존중받았어야 했을 감정입니다. 그때-거기서 미해결된 감정은 존중받아야 합니다. 그렇지 않으면 현재의 미해결된 감정으로 인해 부정적인 영향을 받게 되기 때문입니다. 존중받은 감정이 성장할 때 균형 있는 판단을 하게 됩니다.

"저는 제가 무엇을 해야 할지 잘 모르겠어요."

"저는 제가 왜 살아야 하는지 모르겠어요."
"제 삶에는 재미있게 느껴지는 것이 없어요."

무기력한 사람이 주로 하는 말입니다.

서커스단의 코끼리들은 어린 시절부터 뒷다리에 쇠사슬을 채워서 말뚝에 묶어놓습니다. 당연히 처음에는 격렬하게 저항하지만 저항해도 쇠사슬을 풀 수 없음을 알게 되고 스스로 포기하고 받아들이게 됩니다. 그렇게 쇠사슬이 묶인 채로 자라면 신기하게도 새끼줄이나 썩은 나무에 묶어놓아도 저항하지 않고 가만히 있습니다.

마찬가지입니다. 어린 시절부터 쇠사슬에 묶여있는 대로 지내다 보니 충분히 극복할 수 있는 상황이고, 힘이 있지만 "나는 이 줄을 끊지 못한다"라고 각인하고 도망갈 생각을 하지 않습니다.

또 다른 실험이 있습니다. 24마리의 개를 8마리씩 세 집단으로 나누고 상자에 넣고 전기충격을 주었습니다.

첫 번째 집단은 도피 가능성이 많은 집단으로 여기고 개들이 코로 조작기를 누르면 전기충격을 스스로 멈출 수 있는 환경을 제공했습니다. 두 번째 집단은 통제 불가능 환경을 조성했습니다. 조작기를 눌러도 전기충격을 피할 수 없고, 몸을 묶어두어 어떠한 대처도 불가능한 환경을 만든 것입니다. 세 번째 집단은 전기충격을 주지 않는 비교집단입니다.

그렇게 하루를 보내고 상자 가운데 담을 두었습니다. 그리고 전기충격을 피할 수 있는 상자에 세 집단을 옮겨 놓고 전기충격을 주었습니다. 그런데 첫 번째와 세 번째 집단은 담을 넘어서 피했지만 두 번째 집단은 몸을 웅크리고 전기충격을 견디는 결과를 나타냈습니다.

두 번째 집단의 개들은 서커스의 코끼리처럼 자신이 극복할 수 있는 상황 속에 놓여도 상황을 극복할 수 없을 것이라는 무기력이 학습된 것입니다.

마틴 셀리그만(Martin J. Sullivan) 박사가 그의 동료들과 동물을 대상으로 실험을 했던 결과입니다. 나의 힘으로는 상황을 이길 수 없고 바뀌지 않는 환경이라고 받아들이면 무기력이 학습되어 고통스러워도 그냥 가만히 있는 상태가 됩니다.

아픔이 느껴지지 않아서가 아닙니다. 어차피 아프다고 슬프다고 말해봤자 그 감정을 알아주는 사람이 없기에 그냥 가만히 있는 것입니다. 인간도 똑같습니다. 외롭고 슬펐지만 울지 않고 어린 시절을 보낸 사람들이 너무 많습니다. 그런데 그때 외롭고 슬펐는지도 모르고 지냅니다. 그러다 외롭고 슬픈 마음을 참는 것에 익숙해지고 그러니 표현할 필요를 느끼지 못한 채 살아갑니다.

"나 자신을 알고 싶어요."
"그런데 내가 정말로 원하는 것이 무엇인지 모르겠어요."

이렇게 말할 수 있는 것은 희망입니다.
자신이 그동안 참아왔던 감정들을 이제 표현해봐야 합니다.

감정에는 내가 원하는 진정한 메시지가 있습니다. 내면아이가 현재 뭐라고 말을 하고 있는지 듣는 훈련은 나의 감정을 성장시키는 과정일 뿐만 아니라. 진정한 나를 알아가고 내가 원하는 삶이 어떤 삶인지를 깨달아가는 과정입니다.

감정이 말하는 메시지를 가리켜서 '감정의 언어'라고 말합니다.

감정의 언어를 듣는 훈련은 매우 중요합니다.

감정의 언어는 참아왔던 감정들과 친해져야 들립니다.

사람들은 은근히 긍정적인 생각과 감정만 느끼고 생각해야 한다고 강요받아 왔습니다.

"그런 말 하지 마."
"그런 말 하면 못된 사람이야."
"울면 못 써. 울면 나쁜 사람이야."
"누구는 말을 잘 들어서 참 착해."

이런 말들이 나의 감정을 누르고 참아야만 한다는 생각이 만들어진 말들입니다. 그래서 슬픔이나 분노와 같은 불안한 감정들을 친해지려고 노력하지 않으면 진짜 내가 원하는 것이 무엇인지 잘 모릅니다. 그래서 부정적인 감정들과 친해지려고 노력해야만 합니다. 왜냐하면 모든 감정은 다 소중하기 때문입니다.

하나님은 어떻게 치유하실까요?

성전 미문에서 구걸하는 어느 걸인이 있었습니다. 베드로와 요한은 성전을 올라가다가 어느 한 사람을 만나게 됩니다. 그 사람은 태어나면서부터 걷지 못했습니다.

> 나면서 못 걷게 된 이를 사람들이 메고 오니 이는 성전에 들어가는 사람들에게 구걸하기 위하여 날마다 미문이라는 성전 문에 두는 자라
>
> (사도행전 3:2)

지금 이 시대의 이스라엘을 통치했던 왕은 헤롯입니다. 헤롯은 분봉왕입니다. 헤롯은 에서의 혈통이었는데, 에서의 혈통은 항상 자신의 유익을 따라 살아가는 가족 특성이 있습니다. 헤롯은 자신의 정치적인 입지와 사람들의 인기에 더 큰 관심이 많았던 사람이었습니다.

그는 자신을 드러내고자 성전을 만들었습니다. 그런데 성전을 얼마나 크게 만들었던지 그 성전의 문을 가리켜 '뷰티풀 게이트'(Beatualful gate) 또는 '골든 게이트'(golden gate)라고 불렀습

니다. 그만큼 크고 화려한 문이라는 의미입니다. 그 문을 들어갈 때 사람들의 마음에는 예배의 본질보다는 이렇게 화려한 문을 우리가 들어간다고 하는 허영심이 생겼습니다. 그래서 미문은 허영과 교만의 상징이기도 합니다.

반면 앉은뱅이는 이 문을 통과하는 이스라엘 사람들의 종교성을 교묘하게 이용해서 구걸하는 사람이기도 했습니다. 종교적인 허영심을 이용하는 거지가 마침 베드로와 요한을 보게 됩니다. 그리고 두 사도에게 별다르지 않게 구걸합니다. 그런데 베드로와 요한은 달랐습니다.

> 베드로가 요한과 더불어 주목하여 이르되 우리를 보라 하니 (사도행전 3:4)

여기서 '주목하다'는 '살펴보다'라는 뜻이 있습니다. 하나님의 뜻을 따라 살아가는 자신들을 자세히 살펴보라는 의미입니다. 그러면서 베드로와 요한은 자신들에게 은과 금은 없었지만, 진정한 삶의 만족을 누리는 것은 하나님의 아들 예수님의 권세임을 선포했습니다.

베드로가 이르되 은과 금은 내게 없거니와 내게 있는 이것을 네게 주노니 나사렛 예수 그리스도의 이름으로 일어나 걸으라 하고 (사도행전 3:6)

그리고 베드로와 요한은 앉은뱅이의 오른손을 잡아 일으켰습니다.

오른손을 잡아 일으키니 발과 발목이 곧 힘을 얻고 (사도행전 3:7)

'일으킨다'라는 것은 부활을 의미하는 단어이기도 합니다. 어제와 다른 삶입니다. 이제까지의 삶은 죽고 새로운 삶으로 인생 자체가 새롭게 태어났습니다. 종교적 허영심을 이용해서 살고 있었던 앉은뱅이입니다. 게다가 자신의 신체조건도 좋지 않아서 스스로 자신의 삶을 독립적으로 사는 것은 불가능했습니다. 그러나 앉은뱅이는 완전히 새로워졌습니다. 인생을 살아가는 삶의 가치와 의미가 새로워졌습니다.

뛰어 서서 걸으며 그들과 함께 성전으로 들어가면서 걷기도 하고 뛰기도 하며 하나님을 찬송하니 (사도행전 3:8)

신체적인 치유도 있지만 동시에 세상을 바라보는 관점과 삶을 살아가는 방식이 새롭게 바뀌었습니다.

베드로와 요한은 예수님의 권세를 통해서 일으켰습니다. 그러나 분명한 것은 그들에게도 앉은뱅이를 잡아주는 과정이 있었습니다. 하나님의 말씀은 영적인 본질이고 공허함을 채워주는 마르지 않는 은혜입니다. 그러나 말씀을 전달하는 사람의 관심과 사랑이 없이는 진정한 말씀의 능력을 누군가 경험하는 것이 불가능합니다.

관심과 사랑은 가족의 누군가를 새롭게 합니다. 베드로와 요한은 앉은뱅이를 그냥 지나치지 않았습니다. 그에게 권세를 선포하되 그의 손을 잡아주는 과정이 있었습니다.

크리스천 가운데 가족들의 아픔을 가지고 사는 분들이 많습니다. 간절한 기도제목을 가지고 기도하는 것도 중요하지만 사랑을 전달하는 것이 더 중요합니다. 말씀은 우리를 강력하게 하지만 정작 사랑을 나누는 과정에서 나의 내면아이가 어린아이와 같다면 사랑을 전달하는 과정이 성숙할 수 없습니다.

성령의 임재는 '사랑'을 경험하는 것입니다. 마치 에스겔에서 말하는 마른 뼈들에 다시 생기가 돈는 역사가 일어난 것과 같은 사건말입니다.

세 번째 이야기
마음아! 넌 어디에 있는 거니?

사람들은 마음이 건강해야 한다고 말을 합니다.
마음의 건강을 잃어버리면 모든 것을 잃기 때문입니다.
그렇다면 마음은 어디에 있을까요?
여러분들은 마음이 어디에 있다고 생각하시나요?

우리에게는 마음이 있습니다. 그리고 대개 마음이 있다는 것도 알고 있습니다. 그러나 마음이 어디 있는지를 물으면 답하는 사람이 거의 없습니다.

상담 세미나나 학교에서 학생들에게 강의할 때 "마음은 어디에 있을까요?"라고 질문하면 학생들은 손을 가슴에 대고 여기에 있다고 말합니다.

마음은 가슴에 있지 않습니다.
마음은 우리 뇌에 있습니다.

뇌의 두 가지 기능

우리 뇌는 '이성적 뇌'와 '정서적 뇌'의 두 가지 역할을 합니다.

외부의 스트레스가 강한 사람은 '이성적 뇌'의 영역이 강합니다. 하지만 대인관계나 마음의 안전감을 경험하기 위해서는 이성적 뇌의 기능이 정서적 뇌 기능을 할 수 있어야 합니다.

정서적 뇌 기능이 활성화되기 위해서는 뇌의 변연계가 치료되어야 합니다. 변연계가 회복된다는 것은 억압된 감정이 풀어졌다는 것입니다.

내면아이 세미나를 진행하면서 어릴 적 시절로 돌아가서 그때의 나와 대화를 나누는 작업을 합니다. 그런데 그때-거기서 미해결되었던 감정은 변연계에 영향을 주어 정서적으로 억압합니다. 그때-거기서는 과거가 아니라 앞으로 어떻게 살아야 할지, 그리고 어떻게 생각하고 행동할지를 결정하는 시점입니다. 그래서 그때 그 아이가 경험했던 감정을 다시 느끼는 작업이 필요합니다.

"얼마나 외로웠니?"

"얼마나 무서웠니?"

"얼마나 힘들었니?"

이렇게 정서적인 작업을 통해 그때 거기로 돌아가서 나의 내면아이와 대화를 나누게 되면 마음속에 자리 잡은 삶의 방식이 새로워집니다. 그리고 세상을 바라보는 관점이나 생각과 감정의 습관도 내면아이 작업을 통해서 가능합니다.

S 씨의 부모는 자신이 어릴 때부터 맞벌이를 했습니다. 5살 이후부터 집에 들어오면 엄마가 없었습니다. 남동생을 챙기고 자기의 일을 스스로 척척 해내는 모습이 어른들 보기에는 굉장히 대견스러워 보였을 것입니다. 하지만 S 씨는 언제나 외로웠습니다. 부모님이 일하시느라 집안에 계시지 않아 스스로 독립적으로 하는 것에 익숙할 뿐 외로웠습니다. 너무도 외롭지만 외로운지도 모르고 그냥 그렇게 어른이 되었습니다.

그리고 외로운 감정을 해소하지 못하고 억압된 채로 결혼도 했습니다. 하지만 이상하게 가장 소중하게 생각하는 사람, 내가 기대하고 있는 사람에게 줄곧 마음의 상처를 받았다고 합니다.

지금의 결혼생활도 불만이었습니다. S 씨는 남편에게 계속해서 마음에 상처를 받고 지내오고 있었습니다. 남편은 퇴근 후 집에 오면 방안에서 혼자만의 시간을 가지려고 하는 성향이었습니다. 혼자 영화를 보기도 하고 유튜브를 하면서 시간을 갖는 것을 좋아했습니다. 게다가 친밀함이 좀 약한 사람이다 보니까 아내 입장에서는 자신이 원하는 만큼의 기대치를 채워주지 못하는 남편이라 생각했습니다.

드디어 S 씨는 화가 났습니다. 도무지 안 되겠다 싶어 그동안 참아왔던 불편한 감정들을 한 번에 남편에게 쏟아 부어버렸습니다. 그리고 두 사람의 관계는 그 이후 급속도로 갈등의 골이 깊어지기 시작했습니다.

그런데 그렇게 화를 내면 마음이 편안한 게 아니라 괴로웠습니다. 자신이 도대체 왜 그러는지도 모르겠고 자기를 혼자 있게 하는 남편을 볼 때마다 분노가 치밀어 올랐습니다. 이런 자신이 이해되지 않았습니다. 다른 사람들과 지내는 데는 아무 문제가 없었습니다. 그런데 집에서 혼자 있는 남편을 볼 때마다 치밀어 오르는 분노를 참을 수 없었고 자신에게 남편은 있으나 마나 하는 의미 없는 존재라 생각했습니다.

나중에 알게 된 사실은 자신이 어렸을 때 부모님이 맞벌이를 하면서 혼자 집에 있게 되어 외로웠다는 것입니다.

이것이 '자각'(self-consciousness)입니다.
회복은 스스로 자각하는 것으로부터 시작됩니다.

S 씨는 괜찮은 줄 알았습니다. 그러나 괜찮지 않았습니다.

외로웠던 감정을 스스로 억압했던 것입니다. 내면아이 관점에서 외로움은 고통 자체였을 것입니다. 이제 S 씨는 그때 그 어린아이로 다시 돌아가서 내면아이와 대화를 나누었습니다.

"얼마나 외로웠었니?", "얼마나 고통스러웠었니?"

아이가 듣고자 했던 말을 들려주고 그 아이가 하고 싶었던 말을 할 수 있는 시간을 가졌습니다. 그때부터 얼굴이 밝아지기 시작했습니다. 사람은 심리적인 산소가 들어가면 얼굴이 환해집니다.

내면아이 세미나를 통해 내면아이가 듣고 싶어 하는 단 한 마디를 들려줍니다. 많은 분이 이 작업을 하면서 얼굴이 환해지는 것을 봤습니다. 마음이 밝아지면 세상에 대한 생각이 달라집니다. 그리고 행동도 적극적으로 변합니다.

정말 신기합니다.
그때마다 이렇게 사는 분들이 얼마나 많을지를 생각합니다.

외로웠던 어린 시절을 보낸 S 씨는 남편과 떨어지고 싶지 않습니다. 괴롭지만 자기의 모습을 자각하면서 남편을 이해하기 시작했습니다. 사실 S 씨는 이혼하기 위해 저를 찾아왔습니다. 그러나 내면 작업을 통해서 감정의 뇌에 자극이 되었습니다. 그러다 보니 남편에 관한 생각이 넓어지고 자신의 행동전략을 바꿀 수 있었습니다.

우리는 감정을 해소하지 못하고 그대로 참고 지내다 어른이 되는 경우가 많습니다. 차라리 부모님이 "우리 딸, 우리 아들 엄마 때문에 힘들었지, 아빠 때문에 섭섭했지, 무서웠지?" 이렇게 감정을 읽어주면 그나마 괜찮습니다. 그러나 이렇게 뒤늦게나마 감정을 읽어주고 반영해주는 부모는 많지 않습니다.

공감을 받지 못한 상태에서 또 부모가 됩니다. 그리고 학습한 대로 자신의 어린 시절을 그대로 재연합니다.

억압된 감정들은 마음속에 상처로 남습니다. 그래서 그때의 그 기억을 떠올리면 마치 마음에 떠오르는 한 장의 사진과 같은 기억입니다. 그 기억을 떠올리면 그때의 감정도 같이 있는 것입니다.

그 감정을 만나야 합니다.
그 감정을 느껴야 합니다.

감정을 해소하지 못한 상태에서 어른이 되면, 그때의 아이가 존중받아야 할 감정을 누군가가 채워줘야 한다고 생각하기에 갈등이 생깁니다.

기억의 치유

제가 지속해서 사용하는 단어가 있습니다. 바로 '기억'입니다. 우리의 기억은 변연계에 기억되는데 감정의 경험들은 변연계의 편도체 속에 남습니다. 그리고 인지적 기억들은 변연계의 대뇌피질 속에 남습니다. 인지적으로 기억되어서 언어를 통해 진술될 수 있는 기억과 뭐라고 설명하기는 어렵지만 감정으로 기억되어 말하는 내용이 있습니다.

상담을 하다 보면 "내가 무슨 말을 하는지 모르겠네요. 두서없이 아무 말이나 한 것 같아요."라고 말하는 사람들을 만납니다. 그러나 논리적으로 말하지 않아도 좋습니다. 사람은 말을 하면서 감정을 정리합니다. 말을 할 때 내면은 정리되고 객관적으로 자신을 탐색하게 됩니다.

중요한 것은 편도체 속에 남아 있는 기억이든, 대뇌피질 속에 남아 있는 기억이든 결국은 하나의 기억입니다. 그리고 그 기억 속에 담긴 감정을 풀어내야만 변연계가 새로워집니다. 즉, 내면아이가 점점 성장합니다.

S 씨의 예를 들어서 말씀을 드렸습니다. 어릴 적 부모에게서 떨어져 경험되었던 기억에는 외로움이 있었습니다. 그리고 현재 남편과의 관계에서 경험되었던 감정 역시도 외로움이었습니다.

같은 외로움을 느낄 때마다 분노를 느꼈습니다. 그래서 어릴 적 기억을 통해 경험한 외로움과 지금 남편을 통해 경험된 외로움을 이어주는 작업을 '연결성'이라고 합니다.

가족치료사 사티어(Virginia Satir)는 "언어를 배우기 이전의 신체적 경험은 잠재적 기억으로 저장된다. 유아기를 지나 언어를 습득한 이후에도 충격적 경험들은 기억해 낼 수 없는 잠재적 기억으로 남는다. 이는 뇌의 기능이 제대로 작동하지 못하여 변연계에 남는다."고 했습니다.

충격적으로 경험된 감정 경험은 뇌의 형태를 변형시키고, 신경계, 심혈관계, 호르몬계에 영구적인 영향을 미칩니다. 그래서 어릴 적 경험된 감정 경험은 현재의 삶에도 매우 중요하게 영향을 주고받는 출발점이 되는 것입니다.

J 씨는 시어머니의 '시'자만 들어도 갑자기 마음이 불편해지고 손바닥에 땀이 납니다. 시어머니는 J 씨에게 듣기 싫은 말을 단 한마디도 한 적이 없었습니다. 그런데도 시어머니가 불편합니다.

J 씨의 친어머니는 굉장히 엄하셨습니다. 자신의 감정을 안아주고 생각을 인정해주는 어머니가 아니었습니다. 어머니와 함께 있을 때면 언제나 긴장이 되었습니다. J 씨의 어머니는 이성적으로 틀린 말을 하지 않는 분이었습니다. 그래서 뭐라고 말하기는 힘들지만, 자신에게 따뜻한 분이 아니었다고 말합니다. J 씨가 기억하는 어머니는 늘 혼내는 분으로 마음에 기억하고 있습니다.

그래서인지 그 감정이 시어머니에게 그대로 전이 되었습니다. 시어머니가 집에 잠깐 들른다고 하면 갑자기 긴장되어서 뭘 어떻게 해야 할지 몰라 스스로 당황스러워할 때가 한두 번이 아니었습니다.

이처럼 신체적 증상에는 우리의 이야기가 담겨 있습니다. 그래서 신체적 증상을 소중하게 여겨야 합니다. 단순한 증상이라고만 생각하고 넘어가면 정말 아무것도 아닐 수 있는 일 같지만, 그 증상을 소중하게 생각하고 나의 기억과 연결된 감정이 무엇인지 자꾸 스스로 자문하고 감정을 만나려는 내면 작업이 필요합니다. 이것을 가리켜 사티어는 '일치적 의사소통'(congruence)이라고 말합니다.

인간발달의 여덟 단계를 주장한 에릭 에릭슨(Erick Erickson)은 "인간은 태어나서 죽는 그 순간까지 성장하고자 하는 열망이 있다."라고 했습니다. 성장을 할 수 있는 것은 지속해서 말씀을 드리지만 '일치적 의사소통'을 해야만 가능합니다.

많은 사람이 관계로 인해 어려움을 겪고 있습니다. 관계적인 문제로 마음에 상처가 생겨서 '나는 이제 말하지 않을 거야', '나는 착하게 살아야 해', '나는 무조건 최선을 다해야 해', '나는 희생자가 되어야 해' 등의 내적 맹세를 합니다. 그리고 자기가 하는 행동에 이러한 마음의 열망을 담아 '일정한 행동 패턴'을 형성합니다.

그런데 신체적 표현과 언어적 표현이 일치되면 정말 놀랍게도 회복됩니다. 상담하면서 "그래서 내가 그런 거였구나" 하는 말을 많이 하는 사람일수록 회복과 변화의 물결을 경험합니다. 그것이 가정에서든지, 직장에서든지, 어떤 단체 모임에서든지, 심지어는 자신과의 관계에서든지 회복과 변화를 경험하는 분들은 자각하는 사람들입니다.

반면 기억 속에 담긴 감정이 고통스러워서 방어하려고 하는 사람들도 있습니다. 자신의 행동에 대해 합리화를 시키는 사람들도 있습니다. 그렇게 되면 변화할 수 없습니다.

때때로 자신의 아픔을 언어로 표현하고 감정을 털어놓는 작업을 하는 부모는 자녀 양육의 태도 자체가 놀라울 정도로 변화를 경험합니다.

생각해보십시오. 사랑은 내가 받은 대로 자녀에게 돌려주게 되어 있습니다. 그런데 내가 받은 부모 양육 태도에 관해서 관심이 없고, 부모님에 대해서 부정적인 감정을 느끼는 것이 죄책감이 느껴져서 전혀 느끼지 않으려고 하면 어떻게 내면아이가 새로워질 수 있을까요?

많은 부모가 상담소에 찾아와서 우리 아이를 변화시켜 달라고 말합니다. 물론 그렇게 말씀하시는 안타까운 마음을 충분히 공감합니다. 그러나 상담소에서 만나는 것도 중요하지만 더 중요한 것은 평소에 아이를 대하는 부모 자신의 양육 태도입니다. 그 모습에서 자신을 만나야 합니다.

무엇보다 엄마가 행복했으면 좋겠어요

여러분은 정체성이 뭐라고 생각하세요? 내가 누구이며 어떻게 살아야 하는지를 아는 것이 정체성을 획득하는 과정입니다.

애착 이론을 만든 존 볼비(John Bowlby)는 이런 과정을 가리켜서 '정신화'(mentalize) 과정이라고 말했습니다. 정신화 과정을 하기 위해서는 세 가지 중요한 자료가 필요합니다. 바로 나의 생각, 나의 감정, 나의 신체 반응입니다. 이것을 가리켜서 '자기 정보'(self-information)라고 합니다.

논문을 써도 기존의 자료가 있어야만 새로운 논문을 작성할 수 있습니다. 기존 자료는 또 다른 새로운 작품을 만나는 밑거름이 됩니다. 나의 생각, 감정, 신체는 정신화 과정의 매우 중요한 자료입니다. 특히 내면아이를 깊게 만나는 소중한 자료는 생각·감정·신체 반응입니다.

어린아이는 정체성을 만들어 가는 과정에서 현실을 바라보는 마음의 눈이 현실적이지 못할 수 있습니다. 그래서 하나같이 대통령,

장관 등 유명하고 멋있어 보이는 꿈을 가지려고 합니다. 다시 말해 자기의 능력과 사고의 노력과 상관없이 대통령이 되겠다고 하기도 하고, 장관이 되겠다고 하고, 유명 연예인이 되겠다고 하는 마술적 사고를 하는 것입니다. 그러나 현실과 부딪치면서 좌절을 경험하게 되면서부터는 자신의 이상과 현실의 격차를 줄어가면서 현실성 있는 생각들을 하게 됩니다.

그래서 자신의 삶을 만들어 가는 과정이 정체성이 만들어지는 것이라고 할 수 있으며, 간단히 표현하면 정신화 과정이라고 할 수 있습니다. 하지만 정체성이 불분명하면 자신의 정체성을 느끼고 싶은 무의식적인 노력을 합니다.

이런 행동을 가리켜서 '강박행동'(compulsion)이라 합니다. 그렇게 해야 할 것 같은 행동들입니다. 그렇게 행동을 해야만 마음이 편해지는 행동의 영역입니다.

강박행동은 마음에서 우러나오는 행동이 아닙니다.
강박적으로 행동하는 것입니다.

지나치게 책임감이 강하거나, 지나치게 성취 지향적이거나 혹은 성취도가 낮아서 무력감을 가진 경우, 반항적인 모습도 그렇습니다. 겉으로는 반항하는 모습이지만 마음으로는 자신의 정체성을 찾고자 하는 행동들입니다. 또는 사람들을 즐겁게 해주는 역할, 착한 아이로 사는 것, 엄마의 정서적 대리자 역할을 하는 연인 역할 등의 진짜 속마음은 그렇게 하고 싶지 않은데 그렇게 행동함으로써 자신의 가치를 느끼려고 하는 행동들입니다.

P 씨는 학교에서 친구들에게 개그맨 역할을 합니다. 사람들이 자기에게 관심을 주고 자신이 재미있게 행동하면 사람들이 웃어주는 것을 좋아합니다. 그리고 자신도 그런 역할을 할 수 있다는 것이 감사하다고 생각했습니다.

그런데 어느 날부터 마음이 지치기 시작했습니다. 도대체 자신이 왜 이런 행동을 하는지 궁금했습니다. 상담하면서 P 씨는 어머니를 즐겁게 해주고 싶은 마음의 열망을 보게 되었습니다. 아버지와 관계에 갈등을 겪고 있는 어머니를 볼 때마다 어머니가 불쌍하다고 생각했습니다. 그런 어머니를 위한 자신의 역할은 재미있게 해주는 것으로 생각했습니다. 이전에는 알지 못했던 자신의 행동 패턴입니다.

L 씨는 무엇이든지 최선을 다합니다. 물론 본인은 자기가 맡은 일에 대해서 도리를 다하는 것으로 생각합니다. 그러나 최선을 다하는 것이 익숙한 행동이 됩니다.

엄마로서도 최선을 다하고, 직장인으로서도 최선을 다합니다. 그래서 자기가 일하는 회사에서도 최고로 잘 나가기를 원하고 있습니다. 이 정도면 지칠 것 같은데 자기 자신에게 쉼을 주지 않습니다.

인간관계도 필요해야지 사람을 만납니다. 그냥 그 사람과 잘 지내야만 자기가 편하다는 생각, 혹은 그 사람의 위치를 이용해서 자기에게 유익하게 하려는 생각이 큽니다. 사람을 신뢰하지 못하고 무엇이든지 최선을 다하는 모습이 L 씨가 가지고 있는 기본적인 생각입니다. 무조건 열심히 하는 것이 정체성을 찾고자 하는 자신의 역할이라고 생각하고 있습니다.

자신의 정체성을 찾기 위한 노력을 가족치료에서는 '역할'이라고 합니다. 누가 그렇게 하라고 시킨 것도 아닌데, 스스로 그렇게 하겠다고 '역할'을 자청한 것입니다. 그렇게 해야 할 것 같은 강박적인 생각이 결국 그렇게 행동하게 하는 에너지가 됩니다. 그런데 정작 자신은 행복하지 못합니다. 왜냐하면 자신이 아닌 다른 누군가를 위한 역할이었기 때문입니다.

완벽한 부모를 경험한 내면아이

여러 번 말씀을 드리지만, 부모의 양육 태도를 객관적으로 탐색하는 것은 굉장히 중요합니다. 부모가 나를 대했던 평소의 태도와 행동은 고스란히 내 안에 그림자처럼 남겨져 있는 인격이 되기 때문입니다. 그림자는 누구나 있다는 것을 알고 있습니다. 그러나 햇빛이 비치는 상황을 만나기 전에는 그림자는 드러나지 않습니다.

우리 안에 부모님의 그림자가 그런 것입니다.

평소에는 부모님의 그림자가 있다는 것을 인식하지 못하지만, 어느 상황이 되면 부모님이 어릴 적 나에게 행동했던 행동과 태도가 고스란히 드러나게 됩니다.

완벽주의 부모는 과도한 요구나 비판을 합니다. 그래서 칭찬에 인색합니다. 아이가 잘했을 때도 칭찬에 인색해 표현하지 않습니다. 하지만 자신의 기대치에 못 미쳤을 때는 많은 비판을 합니다.

"이것도 못 해."

"다른 친구들은 다 하는데 너는 왜 못 해."

부모의 비판적 목소리는 고스란히 내 마음에 남아 있습니다. 이것을 가리켜서 '내면화된 부모의 목소리'(Introjected parental voices)라고 합니다.

어릴 때 부모로부터 들었던 비판의 목소리가 어른이 되어서도 무엇인가를 하려고 하면 "너는 안 돼", "혹시 틀리면 어떻게 하지?", "실패하면 어떡하지?" 하는 생각에서 벗어나지 못 하게 합니다.

또한 완벽주의 성격을 가진 부모는 항상 '~을 해야 한다'라는 강박적인 생각을 하고 있어서, 자녀에게도 "최선을 다해야 한다", "최고가 되어야 한다", "실수하면 안 된다", "말 잘 들어야 한다" 라는 말을 합니다. 그들은 '항상 ~을 해야 한다'라는 자기 생각을 아이에게 주입합니다.

공감적인 관계보다는 권위적이면서 동시에 아이들의 마음을 듣지 않고 무엇인가를 요구하기에 바쁩니다. 또한 완벽주의라고 하는 심리적인 기둥에는 사람들을 잘 믿지 못하고 의심하는 불신의 태도가 있습니다. 이런 부모를 어릴 때부터 경험한 아이들이 성인이 되면 다른 사람들을 신뢰할 수 있는 마음의 세계관이 형성될 리 없습니다.

M 씨는 의대를 졸업한 의사입니다. 저를 찾아왔을 때 M 씨는 마음이 힘들고 어려운 상태였습니다.

"다른 사람들은 제가 의사라고 부러워해요.
 그런데 저는 날마다 죽고 싶어요."

매주 저한테 죽고 싶은 생각을 날마다 한다고 했습니다.

완벽주의 부모로부터 자랐기 때문에 완벽하게 공부를 하는 '기능'은 발달이 돼서 의대를 갔습니다. 그런데 정작 무엇을 할 때마다 "실수하면 어떻게 하지?", "혹시 선배가 나를 이상하게 생각하며 어떻게 하지?", "내가 잘 해야 하는데" 와 같은 생각에서 벗어나지 못합니다.

그러다 보니 생각이 많아지고 복잡해서 잠을 제대로 이루지 못하고 숙면을 이루지 못하다 보니 컨디션이 정상적이지 못할 때가 많습니다.

칭찬보다는 지적과 비판을 더 많이 부모로부터 받았기 때문에 자신감이 부족하고 불필요한 생각이 많습니다. 쉬면서 삶을 즐기지 못하고 항상 무엇인가를 열심히 해야 한다는 생각 때문에 자기 자신에게 쉼이라는 선물을 주는 것이 무엇인지도 모릅니다.

그러다 보니 삶의 만족도가 떨어지고 기준치가 높으니 현재 자기 삶의 조건에 만족보다는 부족한 것만 눈에 보입니다. 더 높은 조건을 추구하기 위해서 노력은 한다고 말은 하지만 행동은 뒤따르지 못하는 경우가 많습니다.

마음속에 있는 내면부모와 내면아이가 싸워야 합니다.

지금까지는 내면화된 부모의 목소리를 거절하지 못했습니다. 그냥 자신의 목소리가 누구로부터 새겨진 목소리인지 전혀 몰랐습니다.

완벽주의 성향을 가진 부모를 경험했던 M 씨는 높은 수준을 요구했던 부모님을 경험해서인지 자기 자신에 대한 효능감이 매우 부족했습니다.

그래서 날마다 "나의 머리는 아름답고 능력 있고 사랑스러워", "내 생각은 아름답고 능력 있고 사랑스러워", "나의 꿈은 아름답고 능력 있고 사랑스러워", "나의 미래는 아름답고 능력 있고 사랑스러워" 라고 스스로 말을 하라고 했습니다. 이렇게 자신을 지지하고 칭찬하는 것이 '언어적 자기 지지'입니다.

언어적 자기 지지는 정말로 중요합니다.

우리 뇌는 언어에 많은 영향을 받기 때문에 내가 말하는 대로 뇌가 인식하고, 말하는 내용을 인식한 대로 우리 뇌는 그렇게 행동하게끔 시스템화됩니다.

자신에게 긍정적인 말을 하니까 긍정적인 생각으로 자신을 보게 되었습니다. 자기 자신에 대한 가치가 새로워지는 것입니다.

어리다고만 생각했는데 그게 아니었습니다

어리다고만 생각했던 어린 시절 기억을 떠올리면 나에게 영향을 주었던 기억들이 굉장히 많이 있습니다.

나를 중심으로 외부의 여러 사람이 나에게 영향을 주고받는 것에 대한 기억이 분명히 생각날 것입니다. 이것을 '영향력의 수레바퀴'라고 합니다. 영향력의 수레바퀴를 적극적으로 상상하면서 어린 시절을 살피려는 의도적인 노력을 가리켜 '내적 시각화'(inner emotions revealing)라고 말합니다.

우리가 흔히 생각할 때는 어릴 적 기억이니 뭐가 있겠거니 하고 지나칩니다. 하지만 나에게 소중한 보물과 같은 기억들이 분명히 있습니다. 그런 기억을 적극적으로 상상하면서 나의 가치를 높여야 합니다.

힘들지만 무엇인가를 해내었던 기억도 있습니다. 포기하고 싶었지만 견디고 생각을 조정하면서 목표를 이루어 가는 자신의 기억도 있습니다. 또한 누군가가 나에게 칭찬을 해주었던 기억, 친절을 베풀고 나도 누군가에게 도움을 주었던 기억 등도 있습니다. 그다지 큰 영향력이 될 만한 기억이 아니라고 생각해도 괜찮습니다. 나에게 좋았던 기억을 떠올리면 됩니다.

H씨는 40대 중반 여성입니다. 최근 우울증을 겪고 있습니다. 발레를 전공했고 대학원에서도 체육 교사 자격증을 취득해서 교사로서 직장생활을 했었습니다. 대학에서는 바비인형이란 별명이 있었을 정도로 발레리나로서 출중한 외적 조건을 갖추었고 내적으로는 열정과 성실함이 있는 여성입니다.

자신이 생각하는 자신의 모습은 그런 사람이었는데 현재 자신은 그냥 평범한 40대 중반 아줌마가 되어 버렸습니다. 살은 점점 쪄가고 있고 내가 그동안 무엇 때문에 이렇게까지 열심히 살았는지에 대해 회의도 듭니다.

그래서 상담을 통해 자신의 내적인 세계를 적극적으로 상상하기로 했습니다. 사실 H 씨는 발레를 늦게 시작했습니다. 고등학교 2학년 겨울부터 시작해서 대학에 우수한 성적으로 입학했습니다. 늦게 시작했지만 다른 사람들보다 집념, 열정, 성실함이 탁월했습니다.

그런데 지금까지 자신에게 있는 긍정적인 모습을 깊이 생각해보지 않았습니다. 그동안 내게 어떤 장점이 있었고 내가 가지고 있는 모습이 좋은 습관과 삶의 길을 열어가는 열쇠가 되는 것이라고는 생각하지 못했습니다.

그런데 내적 시각화 작업을 하면서 자기효능감이 올라가고 자신에 대한 가치를 높게 평가하는 마음의 수준이 올라갔습니다. 그래서 40대 중반이지만 자신의 삶을 스스로 개척하면서 행복감을 높일 가능성을 발견하게 되었습니다.

이런 과정을 통해서 보람과 고마움을 많이 느낍니다. 적극적인 상상으로 내적인 시각화를 뚜렷이 할 때 자신의 왜곡된 신념, 지각 등을 알아가고, 그때-거기서 묶여있는 감정들도 서서히 해결할 수 있습니다.

현재와 과거를 연결하기

아이들은 논리적인 사고를 할 수 있는 내적 능력이 없습니다. 게다가 현실감도 떨어져서 자신이 하고 싶은 것과 현실의 상황을 고려하다 보면 꿈도 없다고 하는 경우가 많습니다.

그렇다고 어른들이 그런 아이들의 마음을 억압해버리면 안 됩니다. 같이 공감해주고 이야기를 재미있게 나누어야 합니다. 우리가 생각할 때 현실감이 없는 꿈을 갖고 있다고 해서 감정을 무시하거나 억누르면 성인이 되어서도 여전히 현실감 없는 꿈을 가지고 있는 예도 있습니다.

어떤 행동을 추진하는데 현실감이 부족하고, 너무 추상적이고 충동적인 계획을 한다면 그 사람은 정서적인 상태가 안정되지 못하다는 것을 의미합니다.

과거와 현재를 적극적으로 상상하면서 내적인 시각화를 갖기 위해 노력하는 것은 현실감 있는 계획을 생각하고 자신의 미래를 준비하는 작업입니다. 그렇다면 내면의 적극적인 시각화를 갖기 위한 노력은 어떻게 하면 되는 걸까요?

미래는 나의 마음에서부터 시작되는 것입니다.
결코 외부적인 조건에 따라 미래가 준비되는 것이 아닙니다.

그렇다면 다시 한번 질문합니다.

"마음은 어디에 있는 것인가요?"

바로 마음은 우리 뇌에 있습니다.

변연계에 기억된 감정들을 자꾸 느껴야 합니다. 특히 긍정적인 감정을 느끼는 것도 중요하지만 부정적인 감정을 느끼는 것에 친숙할 정도로 가까워야 합니다.

하나님은 어떻게 치유하실까요?

안드레와 베드로, 야고보와 요한, 그리고 빌립과 나다나엘은 마태보다 먼저 사도로 부름받았습니다. 이들은 이스라엘의 애국자이거나 어부들이었습니다.

반면 민족의 배신자 세리로서 살았던 마태는 자신보다 먼저 사도로 부름 받은 제자들과 친밀한 관계를 하기에는 마음이 불편할 수 있습니다. 마태는 유대인의 왕으로만 생각했던 예수님이 민족의 배신자인 자신을 왜 부르셨는지 혼란스럽게 생각했을지 모릅니다. 게다가 예수님 주변에는 예수님으로부터 사랑과 관심을 받고 싶어서 서성거리는 사람들이 많았습니다.

요한은 예수님의 품에서 떠나지를 않던 사도이기도 했습니다. 그런 모습을 보면서도 마태는 예수님 곁에 다가갈 수 없었을지 모릅니다. 함께 있지만 언제나 멀게 느껴지는 마음의 거리감을 느낄 때마다 왠지 소외감을 느꼈을 것입니다.

그러나 예수님은 마태를 통해 복음의 역사를 시작하셨습니다. 마태복음, 마가복음, 누가복음은 공통된 주제를 놓고 기록했다고 해서 '공관복음'이라고 합니다.

 신학자들은 마태복음과 마가복음 두 복음서 중에 어느 복음서가 먼저 기록했는지에 대한 여부를 놓고 연구를 많이 합니다. 여러 가지 정황이나 기록 연대를 보면 마가복음이 먼저 기록되었다는 주장이 우세합니다. 그러나 복음에 대한 위대성을 놓고 보면 마태복음이 마가복음보다 훨씬 뛰어나다고 말합니다.

 마태복음은 유대인들이 읽고 쉽게 이해할 수 있는 표현이나 문체들이 많고, 세련된 문장력으로 마가복음보다 호소력이 뛰어납니다. 게다가 많은 학식을 겸비했던 마태의 재능으로 유대인의 역사를 논리정연하게 정리하여 우리가 기다리고 있는 다윗의 자손 그 메시아가 바로 예수님임을 증명했습니다.

 그뿐만 아니라 마태는 예수님으로부터 직접 양육을 받은 '사도'입니다. 마가복음을 기록한 마가는 예수님께 직접 양육을 받은 것이 아니라 베드로로부터 양육을 받고, 베드로에게 들었던 예수님을 기록한 것입니다.

이미 마태가 가지고 있던 재능은 하나님의 영광을 위해 쓰임 받을 수 있는 귀한 자료입니다. 이방 선교를 위해 준비되었던 바울은 유대인의 학식과 인간을 이해하는 통찰력으로 그리스 철학과 논박을 해도 뒤지지 않는 지적인 능력이 있었습니다. 그것이 쓰임 받아 하나님 나라를 세워갔습니다.

마음에 애착 경험이 부족해서 불안이 많으면 미래에 대해 부정적으로 생각하기 쉽고, 우울감이 깊을수록 자신에 대해서 부정적으로 생각하기가 쉽습니다. 그래서 이미 주어진 재능에 대해서 보지 못하고 나에게 없는 것만 생각합니다.

그러나 새로운 방식을 잘 배워서 적용하는 것도 중요하겠지만, 이미 주어진 재능을 활용하면서 삶을 개척하는 것이 시간상으로도 더 효과적이라 할 수 있습니다.

하나님은 우리가 이미 가지고 있는 재능을 보게 하십니다.
지금 여기에 오기까지는 그냥 쉽게 온 것이 아닙니다.
나에게 주어진 재능은 내 것이라서 장점인지 모르고
그냥 넘어간 부분들이 많이 있습니다.

이미 주어진 장점은 누구에게나 있습니다.
나는 굉장히 소중한 존재입니다.

소중한 존재가 되었기 때문에 소중한 존재임을 인식하는 것이 아닙니다. 하나님의 자녀로서 이미 자녀 됨의 특권이 있지만, 자신의 장점을 활용하고 그것을 통해 하나님의 계획을 이루는 것은 우리의 노력이 필요합니다.

할 수 있습니다.
자신 있게 작은 계획을 세워 조금씩 천천히 실천해 보십시오.
작은 성취가 모여서 결국 큰 계획이 이루어지는 법입니다.

네 번째 이야기
누구나 한 번쯤은 사랑 때문에 운다

"너는 이것도 못 해?"
"네가 그러면 그렇지."
"내가 너한테 시킨 것이 잘못이다."

가장 소중한 사람으로부터 이런 말을 들어보셨나요?

어릴 때 엄마로부터 이런 비난의 말을 듣고 자란 사람은 자기 자신에 관한 생각을 들은 말대로 하게 됩니다. "나는 아무 것도 못 해", "내가 그러면 그렇지", "어차피 나는 실패할 거야" 등으로 자신이 자신에게 비판하는 사람들이 있습니다. 이것을 심리학에서는 '내면화된 목소리'(Introjected voices)라고 합니다.

어릴 때 마음에 자리 잡은 내면화된 목소리는 가능성을 완전히 부정하는 영향을 줍니다. 그래서 스스로 자신에 대해 긍정적으로 생각하지 못하고 어떤 도전도 없는 무기력한 상태에 빠지게 만듭니다. 부정적인 내면화된 목소리에 속으면 인생은 변할 수 없습니다.

사람은 누구나 인정과 사랑을 받고 싶어 합니다. 이런 마음은 인간의 기본적인 욕구입니다. 사랑과 수용, 인정과 삶의 목적과 의미를 갖는 것은 인간이 가지고 있는 '열망'입니다. 열망이 채워질 때 우리는 마음에 가장 기본적인 기둥이라고 하는 '자기'가 세워지는 것입니다.

울고 있는 아이가 있습니다. 아이는 자기가 울면 엄마가 와서 자신을 달래줄 것이라고 하는 기대가 있습니다. 그런데 아무리 울어도 자신을 안아주는 누군가가 없거나 또는 안아주더라도 화를 내면서 안아준다면 안전감을 경험할 수 없습니다.

이런 과정이 반복적으로 경험되면서 사람에 대한 기대감이 사라집니다. 그리고 자신을 바라보는 눈이 부정적으로 자리잡힙니다. 이 모든 것을 사티어는 '자기효능감'(Self-effect)이라고 표현했습니다. 어떤 것을 할 수 있는 재능이 있지만 자기가치감이 부족해서 할 수 없다면 얼마나 속상할까요?

J 씨는 명석하고 집요한 부분이 있어서 자신이 하고자 하는 일에

열정을 갖고 있습니다. 그런데 정작 자기 같이 감이 부족해서 "내가 그러면 그렇지" 이런 말로 자기를 비난합니다. J 씨도 어릴 적 어머니에게 "네가 그러면 그렇지"라는 소리를 듣고 자랐습니다. 어머니에게 들었던 비난의 목소리를 이제 자신에게 합니다.

사람은 자기가 들은 내면의 규칙을 벗어나기가 쉽지 않습니다.

마음으로는 당당하고 멋있게 살고 싶다는 생각이 있지만, 정작 실행으로 옮기기까지는 상당한 시간이 걸리고, 실행했다고 하더라도 지속력이 너무 부족합니다. J 씨를 볼 때마다 매우 안타까웠습니다. 자기 인생이 아니라 누군가에 의해 경험된 목소리로 살아가고 있습니다.

자기심리학자 하인즈 코헛(Heinz Kohut)은 말하길, '인간은 대상을 추구한다.'라고 했습니다. 즉 자기가 의존하는 절대적인 존재를 통해서 자기를 느낀다는 말입니다. 엄마가 나를 보고 웃어주면 나는 좋은 사람이라고 하는 자기 이미지가 만들어집니다. 그러나 엄마의 표정이 무표정이거나 함께 하더라도 정서적인 만족도가 떨어지면 무표정한 엄마의 표정이 나의 이미지가 됩니다.

사람은 열망을 한 가지 방법으로 채우려고 한다

사티어는 말하길, 열망은 한 가지 방법이 아닌 다른 방식으로 채울 수 있어야 한다고 말합니다. 마음이 건강한 사람의 특징은 삶을 독립적으로 운영할 수 있고 다른 사람과 사랑을 주고받을 수 있으며, 자신의 주장을 통해 사람들에게 인정받는 사람입니다. 그러나 자신이 채우지 못한 결핍을 다른 사람을 통해 채우려고 할 때 우리는 실망하고 분노하게 됩니다.

내면아이가 결핍되면, 자기가 다른 사람에게 기대하는 것을 요구하지 못하고 그냥 상대방이 알아서 채워주기를 바라는 경향이 있습니다.

예를 들어, 배우자를 통해 나의 부족함을 채우고자 하는 것이 결혼의 목적이 되어서는 안 되는 이유가 이런 이유 때문입니다.

저도 신혼 초에 아내에게 가진 기대가 있었습니다. 그리고 그 기대들이 채워지지 않아 한동안 힘들었습니다. 제 마음에는 어머니에게 받았던 만큼 아내가 그렇게 해주기를 기대하는 마음이 있었습니다. 그러나 아내는 저의 기대를 채워주지 못했고 이로 인해 갈등이 시작됐습니다. 그냥 나의 기준에 맞추어서 알아서 해주기를 바랬기 때문에 생긴 문제였습니다.

저의 어머니는 제가 출근할 정장을 미리 준비하시고 와이셔츠도 빳빳하게 다려서 옷장에 걸어두셨습니다. 어머니는 저에게 통제적이긴 하셨지만, 저의 필요를 항상 채워주시는 분이셨습니다.

반면 아내는 직장생활을 하기도 했지만, 장모님이 어릴 때부터 밖에서 일하시는 것을 보고 자랐습니다. 그래서 아내는 여성이 집안 살림을 하는 것에 익숙하지 않았습니다. 그러나 저는 아내가 반대로 저에게 그런 면을 채워주기를 기대했습니다. 그래서 우리는 그저 대화 없이 마음에 섭섭함을 가지고 있었습니다.

사티어가 말하는 기대의 영역에는 '내가 자신에게 갖는 기대', '내가 타인에게 갖는 기대', '상대방이 나에게 갖는 기대'가 있다고 합니다. 여기에 한 가지를 더 추가한다면, '서로의 기대를 타협해야 한다.'라고 할 수 있습니다.

무조건 나의 기대를 상대방이 채워야 좋은 사람이고 그렇지 않으면 실망을 느껴 분노하는 사람들이 많이 있습니다. 특히 부부관계에서 많이 볼 수 있습니다.

내가 행복하기 위해서, 사랑을 느꼈어야 할 대상으로부터 채우지 못했던 것들을 다른 누군가가 채워 줄 거라고 기대하는 것은 긍정적이라고 할 수 없습니다.

"저는 우리 딸이 제 꿈을 이루어 주기를 바래요.
제가 결혼을 일찍 하는 바람에 미처 이루지 못했던 변호사의 꿈을 우리 딸이 이뤄줘야 한다고 생각하거든요. 그래서 저는 딸에게 정말 많은 공부를 시킬 거에요."

딸이 변호사가 되기를 원하는 것은 엄마의 꿈이지 딸의 꿈이 아닙니다. 그러나 엄마의 마음의 세계에는 변호사가 되어 인정받고 싶어 하는 열망이 있습니다.

기대감을 채우는 것은 나의 열망을 채우는 것으로, 그 열망을 달성해 자기를 느끼려고 하는 것입니다. 앞의 내용에서도 말씀을 드렸습니다만, 누군가와 관계적인 만족도라고 할 수 있는 연합을 경험할수록 행복감이 느껴집니다. 그런 행복감을 가리켜 '나됨'이라고 했습니다.

사실 심리학자마다 표현이 각자 다를 뿐 주장하는 본질적인 내용은 같다고 할 수 있습니다. 우리는 나됨을 느끼려고 큰 노력을 합니다. 이 말을 거꾸로 하면, 행복하기 위해서 무의식적인 노력을 많이 한다는 것입니다.

어릴 때는 부모님으로부터 행복을 느끼려고 합니다. 그게 어린 아이가 의존적인 존재로 세상을 시작하기 때문에 그렇습니다. 그러나 청소년기로 들어가면 상황이 달라집니다. 지금까지는 엄마로부터 나됨을 경험하려고 했다면 이제는 여러 가지 방식으로 나됨을 느끼려고 합니다.

빌트 어게인(Built Again)

청소년들은 미래에 대한 불확실성이 있습니다. 어떤 결정을 내려야 할지 혼란스럽고, 소속에 대한 어려움이 있으며, 자신과 중요한 관계를 맺고 있는 사람들을 보며 자신의 정체성을 찾고자 합니다. 그런데 이런 과정은 한마디로 사기를 느끼고자 하는 혼란입니다.

자기를 느끼고자 하는 기대감이 너무 타인 중심적이거나 혹은 과할 정도로 나 중심적으로 몰두하여 있으면 문제가 됩니다. 내면아이가 자리지 않은 상태 그대로 나됨을 추구하려고 하면 부정적인 형태가 드러나기 마련입니다.

내면아이로 인한 부정적인 현상

a. 감정

청소년기는 감정적인 격동기를 겪는 시기입니다. 부모에 대해서 불만을 품다가도 그다음 날이면 언제 그랬다는 듯이 부모에게 다가

가서 아무렇지 않게 대해주기를 바랍니다.

이들은 좋음과 나쁨에 대한 통합성이 부족합니다.

대상관계이론 학자인 멜라니 클라인(Melanie Klein)의 이론에 의하면, 자신이 심리적으로 만족이 되면 '좋은 대상'(good-object)이라고 경험합니다. 그러나 만족하지 못하면 '나쁜 대상'(bed object)이라고 해석한다고 했습니다.

아버지를 객관적으로 보더라도 혹 아버지의 성격이 급하다면 급해서 좋은 것이 있고 나쁜 것이 분명히 있습니다. 그런데 아버지 이야기만 나오면 안 좋은 이야기만 하는 사람이 있습니다. 즉 대상에 대한 좋음과 나쁨에 대해서 통합적 이해가 부족하고, 나쁘게 경험한 것에 대한 억압의 기억만 있어서입니다.

6. 부모로부터의 거리

부모와 거리를 두는 현상은 청소년기의 정상적인 특징입니다.

청소년들이 집을 떠나기 위해서는 자기 부모에게 무관심해져야 합니다. 부모에게 무관심하다고 하니까 관계를 단절하는 것이라고 생각할 수 있는데 그 말이 아닙니다.

아이들에게는 새로운 사회적 관계가 시작되었습니다. 그동안 부모가 전부라고만 생각하고 자랐습니다. 그런데 사회적인 관계가 시작되면서 '부모님이 전부가 아니구나.' 하는 생각을 하고, 자기가 생각하는 세상을 조금씩 넓혀 보고 싶어 합니다. 그래서 다른 것을 살피느라 부모와 거리두기를 하게 됩니다.

c. 직업

청소년의 마음속에 있는 가장 큰 고민은 직업이라고 해도 과언이 아닙니다. 어떤 종류의 일을 해야 할지, 어디서 자신들의 에너지를 표출해야 할지, 자기 자신을 어떻게 돌보아야 할지, 성인이 되면 어디서 일해야 할지 등에 대해 고민합니다.

청년들과 다르게 청소년들이 직업에 대해 고민한다는 말이 낯설게 느껴질 수 있습니다. 청소년들에게 직업의 의미는 곧 '나'를 뜻합니다. 내가 선택한 직업은 나의 내면 상황들이 모여 만들어진 것입니다. 그런데 이런 내면아이의 영역을 모르는 상태에서 누군가를 무조건 동경하거나 직업을 통해 자기를 표현하고자 하는 욕구만 있으면 문제가 생깁니다.

d. 외로움

청소년기는 외로운 시기입니다. 아무리 많은 또래의 친구들이 있어도 내면의 공허함을 느낍니다. 아직도 내가 누구인지, 어디로 가야 할지를 확실히 알지 못한 상태입니다. 청소년기에 활발해진 추상적 사고능력은 불확실한 미래를 더 두렵게 느끼게 합니다. 그리고 이 문제는 내가 풀어야 하는 문제라 외롭습니다.

지속적으로 말씀드리지만 나됨은 정서적으로 '안아주는' 따뜻한 관계를 통해서 경험할 수 있습니다. 나됨이 만족스럽게 경험된 아이는 현실 적응 능력이 좋고, 실천할 수 있는 마음력이 좋습니다. 이런 좋은 습관이 쌓이면 미래 또한 긍정적으로 예측하게 됩니다.

그러나 대상 경험이 부족하면 부족할수록 사람에게 찾아가 외로움을 달래려고 합니다. 물론 이 심리적인 현상은 꼭 청소년기에만 해당하는 것은 아닙니다. 심리적인 상황이 청소년기에 머물러 있으면 외로움을 느낄 때 이런 특징들이 나타난다는 의미입니다.

e. 자아정체성

꿈을 이루려면 현실적인 상황을 고려해야 합니다. 그러나 꿈을 꾸는 이상이 지나치게 크다면 조절능력에 문제가 생긴 것입니다. 인간은 현실적 자기와 이상적 자기의 거리감을 조절하고 보완하면서 꿈을 이뤄야 합니다. 또한 실패를 통해 현실적인 어려움을 극복하는 과정이 필요한데, 현실과 이상을 적절하게 조절하는 능력을 배우는 때가 청소년기입니다.

f. 성적 탐구

성적 탐구는 청소년기에 자신의 정체성을 찾고자 하는 심리적인 현상입니다. 특히 남자 청소년들은 자신의 인생이 불안하거나 생각했던 대로 잘 풀리지 않으면 그것에 대한 보상이나 보복으로 대상을 추구합니다.

어떤 청소년들은 인생이 힘들수록 이성을 찾으려고 하는 경향이 있습니다. 음란물을 찾거나 돈이 있으면 이성을 만나려고 합니다. 때때로 불안한 자신의 심리를 다시 안정감 있게 되돌리기 위해 심리적 퇴행 현상이 일어나기도 합니다.

g. 자기중심적 사고

"아무도 나를 이해 못 해", "아무도 나를 사랑하지 않아", "누구도 우리 부모 같은 사람들과 살아보지 못했을 거야" 등의 말을 하는 경우가 있습니다. 이런 말은 자기가 경험했던 세계가 제일 힘들다고 생각하는 경우입니다.

사람은 누구나 자신만의 어려움이 있기 마련입니다. 그러나 자기가 이 세상에서 제일 힘들다고 생각하고 다른 사람들의 경험을 무시하면 자기중심적 사고에서 벗어나지 못한 상태라고 할 수 있습니다.

h. 실험

청소년들은 그들의 생각, 스타일, 역할, 행동을 가지고 많은 실험을 합니다. 종종 그러한 실험들은 부모의 생활양식이나 가치관과 갈등을 일으킵니다. 실험은 청소년들이 자신들의 정체성을 확립하기 위한 새로운 시도라고 할 수 있습니다. 이런 실험을 통해 이전 단계들의 통합과 재구성을 이룹니다.

지금까지 청소년기라고 했습니다만, 청소년기의 심리적인 특징을 이해하는 것은 나의 어린 시절을 이해하는 데 도움을 줍니다. 청소년기에 내면의 구조를 재구조화하면 건강한 내면아이를 가지고 있는 것이고 그렇지 않으면 부정적인 현상으로 성인이 되어서도 이어지기 때문입니다.

보고 들으며 배우는 것이 더 무서운 법입니다

상담하면서 자녀와의 관계나 부부관계, 그리고 개인의 정서적인 어려움을 해결받고자 하는 분들을 많이 만났습니다. 그분들의 문제는 달랐지만 미해결된 '분노'의 문제가 현재의 삶에 많은 영향을 주는 경우를 봤습니다.

"제 아버지는 가족을 위해선 정말 성실한 분이셨어요. 어머니는 아버지와 결혼을 하면서 정서적인 만족도가 떨어져서인지 아버지에 대한 불만족을 저에게 많이 말씀하셨어요. 저는 어머니의 정서적인 배우자 역할을 하면서 어린 시절을 보냈어요."

이런 관계를 가리켜서 보웬(Bowen)이라는 가족치료사는 '삼각관계'(family trianguation)라고 말합니다.

부부가 갈등을 서로 해결하지 못하면 자신의 정서적 대리자를 찾게 되는데 대부분 장남이나 장녀가 그 역할을 하게 됩니다. 정서적 대리자 역할을 하게 되면 어머니의 우울함을 그대로 내 것으로 받아들이게 됩니다. 그리고 대리 역할을 맡은 부모의 상(image)을 가지고 열심히 살아가면서 부모의 삶을 대신 살겠다는 내적 결단을 합니다.

가족 안에 이런 삼각관계가 굉장히 많이 존재합니다.

남편도 삼각관계가 있습니다. 예를 들어 술, 일, 종교 등이 삼각관계의 예입니다. 부부관계가 원만하지 않고 대화가 잘되지 않으니 자신을 달래줄 무언가를 찾습니다.

    어릴 적 우리 가족도 예외가 아니었습니다. 어머니의 감정이 저에게 감정전이를 일으키면서 아버지에 대한 자연스러운 불만과 분노가 있었습니다. 하지만 그때는 정말 몰랐습니다.
    지금도 기억하는 것이 '우리 엄마는 언젠가 집을 나갈 거야', '나 같아도 못 살겠다'라는 생각을 초등학교 때 했습니다.
    아버지와 어머니가 엄청나게 부부싸움을 하고도 다음 날 아침에는 아무 일이 없는 것처럼 저와 제 동생에게 아침밥을 차려주시는 모습을 봤습니다. 그때 생각하기를 '엄마가 참 불쌍하다'라는 생각이 들었습니다. 분명 엄마도 힘이 들 텐데 내색하지 않고 아무 일 없는 것처럼 밥상을 차려주시는 모습이 마음이 아팠습니다.
    또 한편으로는 '언젠가 엄마가 집을 나가면 어떻게 하지?' 라는 불안이 있었습니다. 밖을 나가서 친구들과 놀다가도 30분에 한 번씩 엄마가 집에 있는지 없는지 확인하고 집에 계시면 '휴~다행이다' 하고 다시 나가서 친구들과 놀았습니다.

    그런데 문제는 어른이 된 지금도 이런 내면아이의 감정이 남아 있다는 것입니다.

밖에서 일하다가 아내한테 전화를 하면 전화를 가끔 받지 않을 때가 있습니다. 그러면 혹시 어릴 때 엄마가 내 곁을 떠날까 봐 불안해했던 내면아이가 아내와의 관계에서도 그대로 적용됩니다.

그러다 어느 날 꿈을 꾸었습니다. 제가 고등학교 2학년 때 겪었던 일이 꿈으로 그대로 재현되었습니다. 아버지가 저를 때린 적이 있었는데, 그때 아버지가 저를 바라보면서 지었던 표정이 꿈에서 똑같이 나왔습니다. 현실에서는 아버지에게 대든 적이 없었습니다. 늘 억압된 마음이 있었습니다. 그런데 꿈속에서 나를 때리는 아버지에게 화를 내면서 말을 하고 있었습니다.

비록 잠꼬대로 하는 소리이지만 너무 크게 말하는 소리에 놀라 잠에서 깼습니다. 그리고 그날 새벽에 교회를 출근하면서 마음이 가벼웠습니다.

내면아이를 치유한다는 것은 분노의 감정과 슬픔의 감정을 내 마음에서 해결하는 것입니다. 특별히 우리 마음에는 여러 감정이 있습니다. 이런 다양한 감정을 내면가족체계 이론에서는 '부분'이라고 말합니다. 특히 분노와 슬픔은 내면아이를 새롭게 치유하는 감정이라고 해서 '치유 감정'(Healing Feeling)이라고 말합니다.

그래서 감정이 치유되기 위해서는 내 마음에서 적절하게 허락되는 만큼 표현하는 과정이 필요합니다.

우리의 인격은 부모님이 평소에 나와 함께 하면서 나를 대했던 '태도', '말', '행동'을 통해서 만들어집니다. 지금까지의 상호작용을 통해서 만들어진 것입니다. 자녀들은 부모님과의 상호작용을 통해서 보고 들은 것들을 그대로 나의 것으로 만들어 버리고 따라 합니다. 이것을 가리켜 '내면화'(Internalization)와 '모방'(imitation)이라고 말합니다.

우리는 배운 대로 하지 않습니다.

보는 대로 행동합니다.

들은 대로 말합니다.

강압적인 부모를 경험한 내면아이

강압적인 양육 태도를 가진 부모는 자녀에게 지시, 명령, 경고, 위협적인 대화를 주로 사용합니다. 그렇다고 칭찬과 인정이 많은 것도 아닙니다. 사실 인간은 인정받고 칭찬받고 싶어 합니다. 그런데 매사 칭찬보다는 지시, 인정보다는 명령이나 경고를 받는다면 자녀들의 마음이 어떨까요?

강압적인 언행을 듣고 자란 자녀들은 기본적으로 마음에 분노가 있습니다. 그래서 부모님의 말씀에 반항하고 저항하고 싶은 마음이 있습니다. 자라면서 저항과 복수심이 계속해서 올라옵니다.

"엄마가 안 된다면 안 되는 거야", "엄마 말대로만 해. 엄마 말을 들어서 좋지 않았던 것이 뭐가 있니?", "울지 마! 뚝!", "이다음에 커서 어른이 되면 그땐 네가 하고 싶은 대로 해" 등의 말은 자녀가 지금 느끼고 있는 감정에 관해서는 관심을 두지 않고 내 말을 듣는지에만 초점을 맞춘 말들입니다.

통제하고 지시하고 강요하고 명령하는 말은 단기간에는 아이들이 부모의 말을 잘 듣는 것 같아 마음이 흡족합니다. 아이가 엄마 말을 잘 듣기 때문에 잘 자라고 있고, 잘 자라는 아이로 양육을 하고 있다고 생각을 합니다. 그러나 이것은 완전한 착각입니다.

부모의 말을 잘 듣는 아이처럼 보이지만, 아이는 무엇인가를 스스로 해내고자 하는 자기주도적인 내면 능력이 완전히 자라지 못했습니다.

이런 상태로 성인이 되면 어떤 일이 일어날까요?

자기에게 지시와 명령을 해주지 않으면 불안합니다. 자기표현과 자기주장 능력이 매우 부족해서 어디서나 존재감이 부족합니다.

"선생님, 우리 아이는 자꾸 방에서 혼자 멍 때리는 것 같아요. 혼자 공상을 하는 것 같아요."

"뭘 하고 싶다고 한 적이 없어요."

"혼자 결정한 적이 없어요. 맨날 물어봐요. 답답해 죽겠어요."

이런 이야기를 하는 엄마를 만난 적이 있습니다.

공상은 현실에서 이루지 못한 무엇인가를 머릿속에서 위안을 받는 작업입니다. 현실에서는 강요와 명령으로 인해 자기 생각과 감정을 표현했을 때 수용 받아 본 경험이 부족할수록 공상의 세계로 들어갑니다. 그래서 현실에서 가지고 있는 불만을 공상하면서 처리하는 것입니다.

제가 너무 안타깝게 생각하는 것은 이런 자녀를 둔 부모의 양육 태도가 너무 강압적이라는 것입니다. 부모의 강압적인 태도는 생각도 못 하고, 우리 아이가 이상하다며 상담소에 아이만 상담을 받으려고 합니다.

우리 마음에 있는 강압적인 부모와 어릴 적 내면아이는 항상 싸우고 있습니다. 이런 것들에 둔감하게 되면 몸은 성인이지만 마음은 강압적인 내면아이에서 자라지 못해서 개인의 생활 영역에 너무나 많은 영향을 받게 됩니다.

기억속의 그 아이는 어떤 생각과 결심을 했나요?

어린아이 때 결심했던 내용은 나의 세계관이 됩니다. 세계관에 따라서 삶을 살아가는 방식이 결정되기도 합니다. 어떤 사람은 '사고 논리'라는 말로 설명하기도 합니다.

어릴 적 하는 결심은 인생을 살아가는 내면의 프로그램이 만들어지는 아주 중요한 작업입니다. 내가 어릴 때 성장해온 환경에서 살아남기 위해서 만들어진 내적 결심입니다.

우리가 알아야 하는 것은 성인이 되었지만 내면아이가 결심했던 결심대로 삶을 사는 경우가 많다는 것입니다. 그것이 내 주변에 지금도 많은 영향력을 끼칩니다. 물론 긍정적이든 부정적이든 모두 해당합니다.

부모가 너무 강압적이고 위협적이었다면 지금 여러분은 주변 사람들에게 어떤 모습으로 대하고 있는지 생각해봐야 합니다. 반대로 부모로부터 함께 의논하고 존중하며 서로의 감정을 품어주는 느낌을 경험했다면, 당신은 누군가와 신뢰 가운데 친밀함을 누리고 있을 것입니다.

하나님은 어떻게 치유하실까요?

바울과 실라가 마게도냐 장터에서 복음을 전했던 장소는 아골라 광장입니다. 아골라 광장은 '대화의 광장'이라고 말합니다. 어떤 대화를 해도 죄가 되지 않는 장소에서 복음을 전한 것입니다.

그런데 복음을 전하고 있던 바울과 실라를 로마 군인이 잡아갑니다. 그리고 감옥에 들어가게 되었습니다.

> 그가 이러한 명령을 받아 그들을 깊은 옥에 가두고 그 발을 차꼬에 든든히 채웠더니 한밤중에 바울과 실라가 기도하고 하나님을 찬송하매 죄수들이 듣더라 (사도행전 16:24-25)

로마 정부의 감옥은 상옥, 중옥, 하옥으로 나눕니다. 죄의 형량에 따라서 하옥이 가장 심한 죗값을 치러야 할 사람이 있는 곳입니다. 그곳에서 팔과 다리가 묶입니다. 그의 눈에 보이는 환경은 어둠뿐입니다.

그때 바울은 기도합니다. 당신의 명령으로 여기까지 왔는데 도대체 나한테 왜 이런 고난을 주는지 이 꼴이 뭐냐는 원망의 기도를 합니다. 그런데 기도 중에 나를 향한 하나님의 경륜을 보게 됩니다. 지금 로마 군인들은 로마 정부에 가장 밀접하게 정보를 주는 사람들이었습니다. 바울 혼자서는 로마 황제인 가이사를 직접적으로 만날 기회를 만들 수 없었습니다. 그런데 이곳에 있으므로 로마 황제 가이사에게 갈 수 있다는 것을 깨닫습니다.

'아 그랬었구나! 지금 내가 그토록 가고 싶었던 로마로 가게 되었구나!' 하나님의 경륜에 눈이 떠지면서 사도 바울은 찬양합니다.

바울이 나를 향한 하나님의 계획에 눈을 뜨기 시작한 것은 기도할 때부터입니다. 자기의 힘으로는 아무것도 할 수 없는 상태, 그렇다고 빛이 느껴지는 상황도 아니었습니다. 완전히 무기력하고 우울한 마음입니다. 내일 죽을 수도 있다는 미래에 대한 불안이 가득한 상황입니다.

그때 그는 울면서 기도했습니다.
감정을 참지 않았습니다.
감정을 참으면 치유될 수 없습니다.

나에게,
미안했다고 말해주세요

점점 성령님의 치유 손길이 더 깊어졌습니다.
감정을 누르지 않고 감정을 해소하면서 기도하니까
주변의 상황이 새롭게 느껴집니다.

나를 향한 계획에 대해 생각하고 깨닫게 되었습니다.
그리고 이 상황을 감사하게 됩니다.
사도 바울은 달라졌습니다.

감정을 억누르면 내면아이는 성장하지 않습니다.

아이는 아무리 똑똑해도 아이입니다.
아이에게 어른처럼 생각하고 행동하라는 것은
아이 입장에서는 정말 가혹한 일입니다.

마찬가지입니다.
하나님은 우리의 내면아이를 새롭게 만들고
상황을 극복할 수 있도록 역사하시는 좋으신 아버지입니다.

Part 03

왜 그런지는 모르겠지만
자꾸 그렇게 행동해

첫 번째 이야기
성장을 방해하는 마음의 규칙

"집안의 일을 집 밖에서 이야기해서는 안 된다."

"누나(형)처럼 잘해라."

"가문에 먹칠해서는 안 된다."

"사람은 최선을 다해야 한다."

"너무 잘난 척해서는 안 된다."

"말이 많으면 안 된다."

"감정을 가볍게 드러내면 안 된다."

"예의 바르게 행동해야 한다."

"아무나 친구로 사귀지 마라."

이런 말을 의외로 많이 합니다.

부모가 자녀를 위해 생각해서 말해주는 규칙입니다. 이런 것을 가정교육이라고도 합니다. 그런데 통제가 심하면 아이가 경험해야 할 좌절 경험을 못합니다. 그래서 자기를 스스로 지키고 통제 밖에서 일어나는 일들을 해결해 나가는 것을 배우지 못합니다.

부모의 의사소통에는 세상을 바라보는 자신의 가치관이 심겨 있습니다. 세상을 무섭고 힘든 곳으로 경험한 부모님은 세상에 대한 부정적인 가치관을 자녀에게 물려주게 됩니다.

물론 세상에는 조심해야 할 규칙들이 있습니다. 그러나 부모가 세상에 대해 경험했던 한쪽 부분만을 너무 지나치게 확대하고, 왜곡해서 아이들에게 가치관을 심어주면 그것이 아이에게는 내면에 편협한 사고가 생깁니다. 그리고 한번 자리 잡힌 규칙은 좀처럼 바뀌지 않습니다. 자연스러운 나의 생활의 스타일이 되고 심지어는 다른 사람에게 그렇게 할 것을 강요합니다.

저는 어렸을 때부터 늦은 시간에 밖에 있는 것이 불안했습니다. 제가 이렇게 된 이유는 친구들과 놀이터에서 늦게까지 놀다가 어머니께 정말 많이 혼이 났기 때문입니다. 어린 제 생각에는 '그리 심하게 늦은 것도 아닌데 이렇게까지 혼이 나야 하나?' 했던 생각이 있었습니다. 솔직히 좀 억울한 생각이 들었습니다.

그런데 그날부터 저는 조금만 날이 어두워지려고 하면 마음이 편하지 않았습니다. 그냥 어두워지기 전에 집에 들어가 있는 것이 맘이 편했습니다. 처음에는 제 마음에 이런 규칙이 있는지 몰랐습니다. 성인이 되었어도 조금만 날이 어두워지려고 하면 집에 들어갔습니다.

물론 나쁜 습관이라고는 할 수 없습니다. 그러나 이런 마음에 규칙이 저를 자유롭지 못하게 하니 '그럴 수도 있는 거지, 뭐.'라고 하는 생각을 하지 못하고 긴장을 풀지 못합니다.

더욱이 이런 마음의 규칙을 우리 아이들에게도 그대로 적용하는 제 모습을 보게 되었습니다. 나에게 그런 규칙이 있었는지 몰랐기 때문에 아이들에게 일방적으로 나의 규칙을 요구하고 있어서 아이들 입장에서는 불합리하다고 생각될 수 있습니다. 그러기 때문에 아이들과 대화를 하면서 그 규칙을 조율해야 합니다.

여러분에게도 가족 규칙이 있을 것입니다. 그런데 어릴 때 심어진 마음의 규칙은 생활을 지키는 좋은 습관이 되기도 하지만, 상대방과 그 규칙에 대해서 타협하지 못하면 갈등을 일으키기도 합니다.

건강하지 못한 가정에서 성장한 부모는 부적절한 규칙, 낮은 융통성으로 자기가 배운 대로 할 것을 배우자와 자녀에게 그대로 시도하기 때문에 관계에 문제가 생깁니다. 그러나 내 안에 내면 규칙이 어릴 적부터 있었다는 것을 알아차리면, 다른 사람들을 생각할 수 있고 융통성을 발휘할 수 있습니다.

가족치료학자인 사티어(Virginia Satir)는 가족 규칙의 영역에 대해 다음과 같이 정리했습니다.

가족 규칙이 영향을 끼치는 삶의 영역

a. 자녀양육 규칙

자녀가 자신의 정체성을 형성하기 위해 부모의 가치관에 도전할 때 자녀의 관점이 수용되고 타협의 과정이 잘 이루어진다면 서로 성장하게 됩니다. 그러나 부모가 자녀를 강압적으로 대하면 문제가 발생합니다.

b. 의사소통 규칙

부모의 말과 행동이 다르면 아이들은 혼란스러워합니다. 싸우지 말라고 말을 하면서 정작 아버지는 사람들과 싸우고, 형제들과 우애 있게 지내라고 하면서 정작 어머니는 가족들과 즐겁게 지내지 않는다면 자녀들은 당연히 혼란스러워합니다. 그러면 아이들은 의사소통의 방식이 혼란스러워 부모를 신뢰하지 못합니다.

c. 감정표현 규칙

감정표현의 규칙은 감정을 억압하는 것을 의미합니다. 예를 들어, "남자가 무슨 이런 것으로 힘들어 해!"라는 말과 같이 느끼는 감정 자체를 표현하지 못하게 합니다.

저는 어릴 때 공포영화를 싫어했습니다. 그런데 남자는 공포영화를 보면서도 무서워하면 안 된다고 생각했습니다. 그렇게 들었기 때문입니다.

여러분은 어떠시나요? 어떤 분은 감정을 가볍게 드러내면 안 된다고 하는 감정표현의 규칙을 갖고 있습니다. 그런데 힘든 감정을 너무 억압하고 표현하지 않으면 오히려 감정의 골이 더 깊어지는 경우가 많습니다. 적절한 수준에서 감정을 표현할 수 있는 것은 가족을 신뢰할 수 있을 때 가능합니다. 그런데 감정의 표현보다 참는 것을 먼저 가르치고, 그것이 규칙처럼 돼 버리면 힘들어도 힘들다는 표현을 못하고 지내게 됩니다.

d. 성 역할

저는 어릴 때 유도를 하는 여성이 좀 어색하게 느꼈습니다. 왠지 여성은 얌전한 것들만 해야 한다고 생각했습니다. 이처럼 성역할에 대한 규칙이 가정마다, 나라마다 있습니다.

남성은 무조건 남자다움이 가득한 취미생활만 해야 할까요? 남성은 플라워나 자수 등과 같은 활동을 좋아하면 안 되는 걸까요?

아내는 직장생활을 하고 있습니다. 결혼 전부터 지금까지 일을 하는 아내는 저에게 미안하게 생각하고 있는 것이 있습니다. 바로 집안일입니다. 아내의 생각으로는 설거지와 빨래는 여자가 해야 한다고 생각하는 성역할 규칙이 있었습니다. 저는 사실 아버지가 밖에서 일하시는 모습을 보고 자라기도 했지만, 집안일도 하시는 것도 보고 자랐습니다. 그래서인지 그런 성역할에 대한 규칙을 조정하는 것이 어렵지 않았습니다.

그런데 의외로 이런 성역할에 대한 어려움을 가진 부부가 많습니다. 우리는 은연중에 어떤 것은 여성이 하는 일, 어떤 것은 남성이 하는 일이라고 하는 성역할에 대한 규칙을 가지고 있습니다. 규칙은 지키려고 하면 갈등이 생기고 타협하고 조정하면 관계가 풀립니다.

e. 기대표현 규칙

"네가 누나니까 참아야지."
"네가 형이니까 참아야지."
"그런 말 하면 안 돼."

혹시 이런 말을 들으며 자라지 않았나요?

어릴 때는 누나도 아이입니다. 그런데 누나라고 하는 이유 하나만으로 무조건 참아야 하고 양보를 하는 것은 불합리합니다. 그렇게 되면 자연스럽게 나는 이런 것을 표현해서는 안 된다고 생각하게 됩니다.

가끔 상담센터를 방문하는 분 중에는 자녀 양육 문제로 찾아오시는 분들이 있습니다. 자녀가 힘들어하니깐 자녀를 위해 센터에 아이들을 데리고 오지만, 센터에 오기까지의 과정이 굉장히 중요합니다.

무조건 엄마가 가자고 해서 오게 되면 아이들은 마음을 여는 데 시간이 오래 걸립니다. 어떤 학생은 어차피 가기 싫다고 말해봤자 엄마가 데리고 올 것으로 생각해서 오기 싫다는 말도 하지 않고 그냥 왔다고 말하는 일도 있습니다. 이런 것이 기대표현의 규칙입니다.

내가 원하는 것을 말하면 안 되고, 오히려 말하지 않아도 상대방이 알아서 해주기를 바라는 것은 기대표현 규칙이 잘못 형성된 경우입니다.

f. 열망과 자기 규칙

가족안에 지켜야 할 규칙들이 강하면 자존감이 낮아지고 자기를 인정하지 못합니다.

"공부를 못하면 내 자식이 아니야.
 내 자식은 공부를 잘 해야 해."

제게 상담을 받았던 내담자가 했던 말입니다.

이런 말이 자기에게 아픔으로 남았다는 것입니다. 아버지로부터 인정과 사랑을 받고 싶어서 공부했지만 아무리 해도 아버지의 기대를 채울 수 없었습니다. 평소에 아버지는 "공부를 잘해야만 내 자식이다."라는 말을 종종 했기 때문에, 아버지의 기대를 채우려고는 했지만 그런 기대를 채우지 못하는 자신이 늘 부족하게 보였습니다.

부적절한 가족 규칙의 변화

이처럼 우리 안에는 가족 규칙이 있습니다. 그런데 가족 규칙은 성인이 되어서도 그대로 영향을 미치고 있습니다. 물론 어떤 면에서 규칙은 분명 우리가 살아가는데 필요하기도 하고 도움이 됩니다.

그러나 시간이 흐르면서 상황은 변합니다. 자녀의 나이도 환경도, 그리고 부모도 달라집니다. 그런데 한 번 세운 규칙이라고 계속 주장하게 되면 오히려 가족관계에 큰 장애가 될 수 있습니다. 부모가 융통성 있는 대화를 할 수 있도록 인격의 성장이 필요합니다.

규칙은 '반드시'가 아니라 필요할 때 '선택'할 수 있어야 합니다. 그렇다면 규칙을 적절하게 지키기 위해서는 어떻게 하면 좋을까요?

우리 안에는 나도 모르게 잡혀 있는 규칙들이 많이 있습니다. 나도 몰랐던 규칙들을 인식하는 것이 첫 번째입니다. 그리고 알게 되었다면 '강요'에서 '선택'으로 바꿔야 합니다. 선택할 때는 다양한 항목을 추가한 다음, 마지막 부분에서 구체적인 가능성을 제시할 수 있어야 합니다.

앞에서 저는 어릴 때부터 집에 늦게 들어가면 안 된다고 하는 규칙이 내면에 있었다고 말씀드렸습니다. 그래서 저는 이렇게 생각했습니다. '집에 늦게 들어가면 절대로 안 된다'에서 '가끔 집에 늦게 들어갈 수도 있다'로 말입니다. 그렇게 생각하니 정말 신기하게도 마음의 끈이 느슨하게 느껴지기도 하고 제 안에서 표현할 수 없는 자유로움이 느껴졌습니다. 물론 습관적으로 집에 늦게 들어가는 것을 말하는 것이 아닙니다. 제 자신을 자유롭지 못 하게 했던 것으로부터 느슨하게 여유를 찾게 되었다는 말입니다.

사실 그럴 수도 있는 일입니다. '절대로'라는 말은 없습니다. '절대로 하면 안 된다'에서 '실수를 할 수도 있다'라는 생각을 하면 마음이 훨씬 편안해집니다.

상담하면서 실수를 하면 안 된다고 생각하는 분들을 많이 만났습니다. 인간이 어떻게 실수를 안 할 수 있을까요? 실수를 통해 성장할 수 있습니다. 그러나 실수하면 안 된다고 하는 마음의 규칙을 가진 사람은 오히려 이런 생각이 자신도 모르게 자존감을 떨어뜨리고 실수하게 만듭니다. 그리고 시작도 하기 전에 도전하고 싶지 않은 마음을 갖게 만듭니다.

이를 가리켜 '선호성'(preference)과 '경직성'(rigidity)이란 개념으로 설명할 수 있습니다.

실수하고 싶지 않고, 사랑받고 싶은 마음은 누구에게나 있는 마음입니다. 누구에게나 있는 기본적인 욕구입니다. 이것은 '선호성'입니다. 그러나 선호성이 너무 지나치게 되면 오히려 마음이 작아집니다. 이것을 가리켜 '경직성'이라고 합니다.

남편이 늦게 들어오지 않고 일찍 퇴근했으면 싶은 것은 아내로서는 당연한 선호성입니다. 그러나 선호성이 너무 지나치면 마음이 경직돼 자꾸 잔소리하게 됩니다. 마음이 경직되면 될수록 상대방에게 자신의 선호를 자꾸 강하게 요구하게 됩니다. 그러면 상대방은 오히려 관계적으로 부담스러워서 멀어지게 됩니다.

그래서 '결코'를 '가끔'으로 바꿔서 선택의 폭을 넓히면 생각이 넓어지는 색다른 경험을 할 수 있을 것입니다.

'결코 엄마가 시킨 것에 싫다고 말하면 안 돼'라는 마음의 규칙을 가진 사람은 성인이 되어서도 싫다는 말을 잘못 합니다. 그래서 겉으로는 순종적으로 보이지만 마음에서는 괴로움을 느끼고 자신의 삶을 주도적으로 살지 못하는 기분을 지속해서 경험하면서 지냅니다. 그런데 '가끔 엄마가 시킨 것이지만 싫다고 말해야겠다'라고 생각하게 되면 정말 자유롭습니다.

의외로 "싫다"라는 말을 못 하는 사람들이 있습니다. 어린아이들은 "싫다"라는 말을 엄마나 아빠에게 자주 해야 합니다. 정말 그래야만 합니다. 싫다는 말을 잘못하는 사람은 마음에 거절감도 큰 사람입니다.

'싫다고 하면 혹시 저 사람이 나를 싫어하게 되지 않을까?'

'싫다고 하면 저 사람이 나한테 실망 할 거야' 하는 생각에서 벗어나지를 못하면 거절할 수 없습니다.

그런데 사람은 가끔은 싫다는 말을 할 수 있어야 매력적입니다. 내가 싫다고 말할 수 있어야만 상대방이 오히려 나에게 끌려오는 현상을 경험할 수 있습니다.

종종 부부관계에서 남편이 하고자 하는 것을 그냥 맞추어주는 아내를 만나기도 합니다. 물론 그 반대인 경우도 있습니다. 아내가 남편에게 "싫다"라는 말을 못 하고 남편이 원하니까 다 해준다는 분들은 사실 나의 삶을 사는 것이 아닙니다. 처음에는 참고 지낼 수 있겠지만 어느 때가 되면 '내가 뭐 하는 거지?' 하며 자신의 삶을 뒤늦게 찾으려고 합니다.

'결코'는 '가끔'으로, '해서는 안 된다'에서 '할 수도 있다'로 생각을 바꾸는 것이 쉽지만은 아닌 일입니다. 우선 내 안에 있는 규칙을 발견해야 하고, 그러기 위해서는 무엇보다 자신과 대화를 많이 해야 합니다.

나 자신과 열린 마음으로 대화를 하는 것을 가리켜 사티어는 '일치적 의사소통'이라고 했습니다.

내면아이가 가지고 있는 규칙을 알아야 성장할 수 있습니다.

자신의 부족함을 인정하지 못하고 스스로 합리화를 하거나 고통스러운 기억을 하고 싶지 않아서 억압된 감정을 피하는 대화는 마음을 닫습니다. 사티어는 이렇게 닫힌 마음의 대화를 '비일치적 의사소통'이라고 했습니다.

내면아이가 성장한다는 것은 지금까지 살아왔던 삶의 방식을 조금씩 바꾸는 것입니다.

일치적 의사소통을 자꾸 해야만 내면아이가 성장하고 성장한 만큼 생활에서 긍정적인 열매를 기대할 수 있습니다. 내면아이가 가지고 있는 규칙이 지금의 나로서는 너무 마음이 아프고 힘든 경험이 될 수도 있겠지만 그 힘들고 불편한 감정은 마음의 약을 바르는 단계입니다.

상담하면서 불편한 감정과 생각 때문에 힘들어서 견디지 못하고 중간에 포기하는 분들도 있습니다. 그러나 자신의 감정과 생각을 소중하게 간직하고 마음의 돌봄을 지속적으로 하는 것이 중요합니다.

내면아이와 깊은 대화를 하는 '일치적 의사소통'을 하는 것은 결국 내 삶을 바꾸는 지름길입니다.

우리 뇌에는 정서를 다루는 기능과 이성을 다루는 기능이 있다고 했습니다. 정서를 다루는 것은 뇌의 변연계를 건강하게 하는 작업입니다. 그것이 내면아이를 성장하게 하는 것입니다. 내면아이가 성장하는 것은 결국 변연계를 새롭게 하는 것을 의미합니다. 변연계는 하루아침에 새롭게 되는 것이 아닙니다. 다시 말해서 내면아이는 하루아침에 성장하지 않습니다.

종종 "상담을 몇 번 받아야 변화될까요?"라고 질문하시는 분들이 있습니다. 물론 답답한 심정은 이해합니다. 그런데 이렇게 생각하면 됩니다. 우리가 밥 한 끼 먹었다고 해서 다음 날 바로 키로 자라고 변화가 눈에 보이지 않는 것과 같습니다. 그러나 지금 당장 어른이 되지 못했다고 해서 오늘 먹어야 할 식사를 무시한다면 건강하게 발육될 성인을 기대할 수 없습니다.

내면아이가 그때 들었어야 했던 말을 해주고, 내면아이가 가지고 있는 규칙에서 벗어날 수 있도록 밥을 주어야 합니다. 그래야 자신의 감정에 여유가 생기고 상대방의 아픔을 이해하기도 하고 수용

해줄 수 있습니다. 상처 입었으나 회복된 치유자가 될 수 있습니다.

방임한 부모를 경험한 내면아이

내면아이는 스스로 성장할 수 없습니다. 부모의 양육 태도를 알고 그래서 힘들어했던 내면아이에게 위로해주어야 하는 이유가 여기에 있습니다. 특히 부모의 양육태도 중의 '방임'은 아이의 상호 정서적인 교류 없이 혼자 있게 된 것이라 더욱 중요합니다.

방임은 크게 보면 두 가지 종류가 있습니다. 부모님의 맞벌이나 이혼, 그리고 사별입니다. 어떤 경우에는 친척 집에 맡겨지는 것과 같은 '물리적인 방임'도 있고, 따뜻한 시선이나 긍정적인 접촉이 없었던 '정서적인 방임'도 있습니다.

방임을 당하는 아이는 '버려짐'을 경험합니다.

버려짐을 경험한 아이의 마음의 핵심 감정은 '외로움'입니다. 아이는 외로움을 가지고 살아갑니다.

사실 요즘은 부부가 맞벌이를 많이 하는 상황입니다. 같이 벌어야만 가정경제가 유지될 수밖에 없지만, 너무 어린 나이에 자녀를 어린이집에 보내게 되면 아이는 방임을 경험하게 됩니다. 그러기 때문에 퇴근 후 아이와 정서적 교감을 질적으로 많이 해줘야 합니다. 부모가 정서적인 질적 관계에 힘쓰지 않으면 많은 문제가 이후에 생깁니다.

부모는 수시로 자녀에게 무관심하거나 자녀를 돌보는 양육의 질이 부족하지는 않았는지, 자녀가 어떻게 지내는지, 정서상의 어려움은 없는지, 유치원이나 어린이집, 학교에서는 친구들이나 선생님과 어떻게 지내는지 많은 관심을 기울여야 합니다.

물론 부모도 힘들다는 것을 압니다. 종일 일하고 자녀를 양육하기가 쉽지 않는 과정이라는 것을 압니다. 저도 제 자녀들이 아직 어리기 때문에 이런 문제를 놓고 많은 신경을 썼어도 실수할 때가 있었습니다.

그렇지만 부모가 된다는 것은 두 가지 책임을 다한다는 것입니다. 부모로서 해야 할 역할을 하는 '도덕적인 책임'과 본능적으로 감정을 잘 돌봐주는 '본능적 책임'입니다. 기억하십시오. 이것은 꼭 부모와 자녀 관계에서만 해당하는 내용이 아닙니다.

방임된 내면아이를 가진 사람의 패턴

어릴 때 방임을 너무 과하게 경험하면 말씀드린 대로 '외로움'이란 핵심 감정을 안고 살게 됩니다. 그래서 상대를 나의 외로움을 채워줄 대상이라 기대합니다. 문제는 다른 사람이 기대만큼 나의 외로움을 채워주지 못하면 심한 실망과 함께 분노를 하게 된다는 것입니다.

나는 노력한다고 하지만 방임을 경험한 내면아이는 상대방의 노력을 의미 없게 여깁니다.

그래서 갈등의 골은 깊어지고 해결할 수 있는 실마리를 찾지 못합니다. 또한 외로움을 느껴서 상대방에게 너무 과하게 의존하는 경향이 있고, 그렇다고 관계가 그리 오래가지도 못합니다. 부모님과 사별이나 이혼을 경험했고 소중한 사람으로부터 물리적이면서도 정서적인 방임을 경험했기 때문에 관계적인 단절로 이어지는데 낯설어하지 않습니다. 그래서 방임된 내면아이를 가진 사람은 '소외'되는 것에도 민감하므로 누군가 자신을 따돌리는 건 아닌지를 생각하며 괴로워합니다.

이런 마음으로 사회생활을 하게 되면 좋은 인간관계를 기대할 수 없을 것입니다.

게다가 방임 된 내면아이를 가진 사람은 자신을 어떻게 돌봐야 하는지 경험이 부족하므로 힘들고 외로울 때 자신을 정서적으로 방임합니다. 성인이 되어 이제는 자신을 소중하게 생각하는 사람이 도와주려고 하지만 도움을 받지 못합니다.

또한 반대로 자신이 어린 시절에 방임이 되었기 때문에 자신의 자식들에게는 과할 정도로 애정을 쏟는 일도 있습니다. 즉 방임이 과잉보호가 되는 경우입니다. 사실 과잉보호하는 마음에는 어린 시절 방임이 되어 심리적으로 결핍된 욕구를 충족하고자 하는 보상행동이 있습니다. 그래서 내면아이가 성장이 되어야만 자녀 양육에도 편안

할 수 있습니다.

그래서 방임된 경험이 많으면 타인의 필요와 욕구에 대해서 방임하게 되고 타인의 감정에 대해선 소홀하고 무시를 합니다. 그리고 무관심합니다. 그러다 보니 상대방과 깊은 관계를 맺기보다는 상대방에게도 똑같이 방임하는 것 같은 뭔가 부족한 느낌을 제공합니다.

"저는 사람을 만나도 항상 외로워요."

"마음의 허전함을 어떻게 채울 수 있을까요?"

이런 호소를 하시는 분들을 만날 때마다 마음이 안타깝지만, 한 가지 처방을 드린다면, 꾸준하게 내면아이와 깊은 교제를 나누라는 것입니다.

정서적 자기 치유

방임된 내면아이가 마음에서 자라지 못한 사람은 자기 가치감이 떨어져 있습니다. 그것도 그럴 것이 소중한 사람으로부터 정서적으로 돌봄을 크게 받지 못하고 버려짐을 경험을 했으니 자기 자신을 소중하게 여기지 못하는 것은 당연한 일입니다.

어느 한 사람도 소중하지 않은 사람은 없습니다. 자신이 가치가 있고 중요한 사람이라는 생각을 해야 자신의 삶을 지킬 수 있고 생활이 문란해지지 않습니다. 마음이 허전하고 부족하다고 느끼는 공허감이 있으면 자신의 이런 공허감을 채워주기를 바라는 객관적인 기대감이 아닌 과한 기대를 하게 되고 극단적이고 충동적인 만남을 추구하게 됩니다.

또한 생동감이 없고 뭔가 우울하며 소외감을 가지고 있어서 소속감이 약합니다. 외로움을 크게 느끼는 사람은 자신이 또 버려짐을 당할까 봐 어떤 공동체든 마음을 열고 들어가는 수용성이 떨어집니다. 그리고 감정을 파악하고 표현하는 능력이 부족합니다. 그리고 공감력 또한 떨어집니다.

방임은 혼자 있는 것이고 정서적인 버림을 받은 경험이기 때문에 자신의 감정을 표현하지 못하고 혼자 참았던 시간이 많았던 것입니다. 그러기 때문에 자신의 감정을 표현한다는 것이 무엇인지 굉장히 익숙하지 않습니다.

그러나 그것부터 시작입니다.

자신의 감정을 아는 것을 가리켜, 감정을 '알아차리기'라고 표현합니다. 이것이 첫 번째 단계입니다. 내가 느끼고자 했던 감정이 무엇인지 알아차려야 합니다. 그런데 이런 감정을 스스로 아는 것은 아닙니다. 아까도 말씀을 드렸지만 내면아이는 혼자 성장하지 못합니다.

저는 내면아이 세미나를 진행하고 있습니다. 이 세미나에서 소그룹 활동을 할 때, 그때의 어린 시절의 나를 보면서 그 아이에게 위로의 말 한마디를 해주는 작업을 합니다. 이때 많은 사람이 눈물을 흘리면서 자기가 느끼고 싶었던 감정을 다시 느낄 때 많이 회복하는 모습을 봅니다. 그리고 자신의 내면 아이의 모습을 보면서 "힘들었구나", "외로웠구나", "무서웠구나" 하면서 자신을 안아주는 작업까지 이어집니다. 이런 단계를 2단계 '안아주기'라고 합니다. 그리고 그 아이가 다시 지금의 성인인 나에게 언어로 표현합니다. 이것이 3단계인 '표현하기'입니다.

감정(emotion)은 '밖으로 움직인다'라는 뜻이 있습니다.

억압된 감정은 마음에 가두어 두어서는 안 됩니다. 밖으로 언어를 사용해서 표현해야 합니다. 그것이 처음에는 어색하고 하기 싫은 일일 것입니다. 그러나 어색한 것이지 어려운 것이 아니라는 것을 기억하셔야 합니다. 이런 작업은 굉장히 중요한 것이고 가끔 생각날 때 하는 작업이 아닙니다.

저는 되도록 아침이든 저녁이든 편한 시간을 선택해서 하루에 10분 이상은 스스로 자기 치유 시간을 가지려고 합니다.

세상은 바쁘고 미래를 예측할 수 없는 상황입니다. 생각이 너무 복잡합니다. 그래서 어떻게든 쉬고 싶은 마음이 있지만, 여행을 가서도 쉬지를 못하는 사람들이 많습니다. 장소를 이동한다고 해결되는 일이 아닙니다. 마음에 관심을 가지고 바라봐주어야 합니다.

하나님은 어떻게 치유하실까요?

종교개혁을 했던 마틴 루터는 빌레몬서에 대해서 '기독교 사랑의 정서가 담긴 책'이라고 말했습니다. 그만큼 빌레몬서에는 인간 이해에 관한 기독교 세계관이 잘 녹아 있다고 할 수 있습니다.

바울은 분열의 위기나 공동체 안에서 벌어지고 있는 문제에 관해 영적 질서를 잡기 위해 편지를 보내서 영적인 가르침을 줍니다. 그러나 빌레몬서는 공동체에 편지를 보낸 것이 아닙니다.

빌레몬이라는 한 사람에게 편지를 보낸 것입니다. 게다가 바울이 이젠 어느 정도 나이가 들고 사도로서 살아오면서 여러 풍파로 다듬어진 기독교적인 세계관을 전해준 내용이 있습니다.

> 그리스도 예수를 위하여 갇힌 자 된 바울과 및 형제 디모데는 우리의 사랑을 받는 자요 동역자인 빌레몬과 자매 압비아와 우리와 함께 병사 된 아킵보와 네 집에 있는 교회에 편지하노니 (빌레몬서 1:1-2)

빌레몬서는 사도 바울이 에베소에서 보낸 편지입니다. 2절에 나와 있는 자매 '압비아'는 빌레몬의 아내이고 '아킵보'는 빌레몬의 아들입니다. 빌레몬 한 사람을 통해 귀한 가정이 성도의 가정으로 세워졌습니다.

> 자매 압비아와 우리와 함께 병사된 아킵보와 네 집에 있는 교회에 편지하노니 (빌레몬서 1:2)

그런데 빌레몬이라는 사람에게는 '오네시모'라는 종이 있었습니다. 그 종이 주인 빌레몬의 돈을 훔쳐 도망갔는데 우연히 바울을 만나게 됩니다. 그리고 오네시모가 예수님을 믿는 사람이 되었습니다.

그 당시 주인과 종의 관계는 사람과 사람의 관계가 아니었습니다. 사람과 물건의 관계였습니다. 종이 잘못을 하면 언제든지 죽여도 상관이 없었습니다.

하지만 바울은 빌레몬에게 네가 성도로 살기를 원한다면 주인과 종의 관계를 떠나 종을 용서하고 사랑으로 다시 받아주라고 한 것입니다. 그리고 이런 관계적인 문제를 풀기 위해 바울은 기도의 순서를 다음과 같이 전해주고 있습니다.

> 내가 항상 내 하나님께 감사하고 기도할 때에 너를 말함은 주 예수와 및 모든 성도에 대한 네 사랑과 믿음이 있음을 들음이니 (빌레몬서 1:4-5)

첫 번째는 '하나님의 영광'을 위한 기도, 두 번째는 '이웃'을 위한 기도, 세 번째는 '자신'을 위한 기도의 순서를 가르쳐 줍니다. 바울은 이런 순서로 중보기도를 항상 했습니다.

'믿음'이 천국에 들어가는 열쇠라고 한다면 '사랑'은 그리스도인들이 살아가는 방법입니다.

로마와 골로새의 거리는 약 1,200-1,500Km입니다. 오네시모는 세상의 향락을 쫓아 도망치듯 로마까지 갔습니다. 그리고 거기서 사도 바울을 만났습니다. 주인으로서는 용서할 수 없는 종이지만, 그런 일을 한 종도 사랑하라는 예수님의 마음을 궁극적으로 전하고 있는 겁니다. 마치 우리와 같은 관계입니다. 하나님은 이처럼 나를 사랑하십니다. 하나님은 나를 사랑하지만, 정작 나 자신이 나를 사랑하지 않으면 하나님의 사랑을 온전히 누릴 수 없습니다.

그래서 사랑의 관계를 회복하기 위해서는 기도를 배워야 합니다.

진정한 사랑의 시작은 '기도'입니다. 혹시 마음에 어려운 사람이 있거나 기도하는 순서에 나만을 위한 기도가 있다면 오늘 말씀을 통해서 영원한 가치에 소망을 두고 사랑의 도전을 하기를 바랍니다.

특별히 버려짐으로 인해 부모님을 용서하지 못하고 자기에 대한 자기화해가 없으면 누군가를 사랑하고 감정을 수용하기가 쉽지 않을 것입니다. 이런 일은 영적인 일로, 기도를 통해 하나님의 사랑을 깊게 경험하고 그 사랑을 통해 자기 화해의 길로 이끌림을 받아야 합니다. 하나님은 우리를 이끌어 가십니다.

바울은 신약의 대학자이자 이방인 선교의 지도자였습니다. 그 당시 기독교를 대표하는 지도자였습니다. 이런 대단한 사람이 오네시모를 만났을 때 직분을 앞세워 만난 것이 아닙니다. 그냥 인간 대 인간으로 만났습니다. 따뜻한 인간미가 오네시모를 새롭게 합니다.

> 갇힌 중에서 낳은 아들 오네시모를 위하여 네게 간구하노라 그가 전에는 네게 무익하였으나 이제는 나와 네게 유익하므로 네게 그를 돌려보내노니 그는 내 심복이라 (빌레몬서 1:10-12)

오네시모는 나의 아들이요, 나의 심복이라고 하는 바울의 말은 의미있는 말입니다. 심복은 '심장'이란 뜻입니다. 오네시모라는 이름의 뜻은 '유익한 자'입니다. 그의 부모가 유익하게 인생을 살라고 해서 지은 그 이름이 무익한 인생을 살았습니다. 그리고 이제는 예수님을 만나 바울의 심장과 같은 존재가 되었습니다.

심장과 같은 오네시모가 바울에게 있으면 편하지만, 빌레몬을 생각해서 다시 보내기로 합니다. 사랑으로 받아주고 용서하라는 영적 가르침을 주는 것입니다. 이것은 예수 그리스도 안에서 '화평'입니다. 형제와 다툰 것이 있으면 화해를 먼저 하라고 하신 예수님의 가르침과 일치합니다.

하나님은 지금 이 순간에도 부드러운 목소리로 우리를 사랑한다고 말씀하십니다. 혼자가 아닙니다. 내가 느끼는 외로움에 성령님을 모시면, 그 외로움을 통해서 하나님을 깊게 만나고 자기화해가 이루어질 수 있습니다.

두 번째 이야기
성장케 하는 대화

아이의 생각은 자기중심적입니다. 그래서 자신이 생각할 때 만족스러우면 다른 사람을 좋은 사람이라고 생각하고, 그렇지 않으면 나쁜 사람으로 생각합니다. 한 사람의 인격에 대해서 균형감 있는 이해가 부족하지만, 이것은 아이라서 하는 생각입니다.

그런데 성인이 되었는데도 이렇게 극단적으로 사고한다면 이를 가리켜 '양극화된 사고'(all or nothing thinking)라고 합니다.

'모 아니면 도'라는 식으로 너무 극단적으로 생각하거나 관계도 그렇게 풀어가는 사람들이 있습니다. 이런 사람은 사실 내면아이가 아직 성장이 덜 되어 있는 것이라고 볼 수 있습니다. 나하고 친할 때는 뭐라도 해줄 것처럼 좋지만, 한 번 실망하면 극단적으로 단절하는 관계는 인격이 유아다운 것이라 할 수 있습니다.

건강하지 못한 사람은 '파국적 사고'(catastrophic thinking)를 합니다. 아무래도 마음에 안전장치가 약하니 미래에 대해서도 좋지 않은 생각만 계속합니다. 비 오는 날 카페를 가더라도 왠지 산사태가 일어날 것만 같고, 조금만 아프면 금방 죽을 것 같고, 우리 아이 미래가 왠지 좋지 않은 일이 있을 것만 같은 생각을 합니다. 모든 일에 부정적인 일이 일어날 것으로 생각합니다. 그래서 파국적 사고를 가리켜 '재앙적 사고'라고도 합니다.

또 한 가지는 '일반화'입니다. 하나의 사건으로 다른 모든 일을 일반화시키는 것입니다. 예를 들면 이런 것입니다. 한국에 여행 온 외국인이 불친절한 한국 사람을 만나게 되었습니다. 그런데 그 외국 사람이 한국 사람은 전부 불친절하다고 말한다면 한국 사람들 입장에서는 기분이 어떨까요? 한 명의 불친절한 사람을 경험한 것이 한국 사람의 전부를 대표하지는 않습니다. 외국인이 만난 그 사람이 불친절한 것이지 한국 사람 전부가 불친절한 것은 아닙니다. 물론 제가 이해를 돕기 위해서 생각해서 만든 이야기입니다. 그러나 이와 같은 생각을 하는 분들이 의외로 많습니다.

이런 일반화는 여러모로 적용할 수 있습니다.

"내가 할 수 있으니까 너도 할 수 있어."

물론 이런 말은 다른 사람에게 용기를 주려고 하는 말일 것입니다. 하지만 그 사람의 마음을 고려하지 않고 무조건 "남들은 다 하는데 너는 왜 못하냐."는 식으로 대화를 이끈다면 그 사람을 도와주는 말이 아닙니다.

내면아이는 '비합리적 사고'를 합니다. 비합리적인 사고를 하는 사람이 주변에 있으면 대인관계에서 굉장한 불편함을 경험합니다.

특히 가족이 그렇다고 한다면 다른 가족들은 매우 어렵습니다.

가족은 나에게 소중한 사람들입니다. 소중한 사람들과 좋은 관계를 유지하고 성장하기 위해서는 무엇보다도 나 자신이 성장해야 합니다. 대개 사람들은 자신이 피해를 받은 상황으로만 생각합니다.

인간은 심리적으로 방어상태이기 때문에 자기 생각이 틀렸다고 생각하지 않습니다.

솔직히 저도 상담을 하고 오랫동안 심리 공부를 하고는 있지만 제 생각이 틀렸고 다른 사람의 생각을 받아들인다는 것이 쉽지 않습니다.

그런데 상대방과 대화하면서 느꼈던 감정과 들었던 생각, 그리고 나의 신체적인 반응을 민감하게 놓치지 않고 나 자신과 대화를 한다는 것은 나 자신을 성장시키고 회복하는 의사소통이라 할 수 있습니다. 이런 의사소통 방식을 가리켜서 '일치적 의사소통'이라고 사티어는 말합니다. 일치적 의사소통은 자신과의 관계뿐만 아니라, 상대방과의 대화에서도 지혜롭게 활용되면 너무 이상적입니다.

예를 들어 부부관계에서 대화를 나눌 때 서로 간의 입장만 얘기하면 다툼이 심해집니다. 반면, 자신의 감정을 살피기도 하고 상대방의 감정도 존중해주는 대화를 하면 좋은 부부관계를 기대할 수 있습니다. 그러나 실제로 보면 그런 대화를 나누는 부부를 거의 만나지를 못했습니다. 대체적으로는 비일치적 의사소통을 하면서 지냅니다.

비일치적 의사소통 방식

의사소통의 방식에는 그 사람의 성격이 그대로 담겨 있습니다. 그래서 의사소통 방식을 알고 있는 것은 굉장히 중요합니다.

비일치적 의사소통에는 네 가지 종류의 방식이 있습니다.

a. 회유형

회유형은 자신의 감정을 억압하고 자기를 피해자와 동일시합니다. 그리고 상황이나 상대방의 비위를 맞추려고 하고, 상대방을 거스르는 것 같은 말이나 행동을 스스로 하지 않으려고 합니다.

모든 잘못의 원인이 자기에게 있다고 생각하며 자기를 쓸모없는 존재로 생각합니다. 타인에게 인정과 사랑을 받기 위해서 상대방의 요구에 거절을 잘하지 못합니다. 그렇게 함으로 타인에게는 좋은 사람으로 인정받으려고 합니다. 이는 자존감이 낮고 자기가 항상 부족하다고 생각하며 타인에게 인정과 동정심을 얻으려는 무의식적인 노력입니다.

어떤 갈등 상황에서 문제를 해결하려는 것보다는 무마하고 그냥 없었던 것처럼 넘어가려고 하고, 잘못을 자기 책임으로 돌리는 습관을 갖고 있습니다. 타인의 필요에 민감하고 타인의 욕구를 채우고자 하는 욕구가 강하다 보니 심하면 경계선을 침범하는 실수를 하기도 합니다.

b. 비난형

비난형은 말 그대로 상대를 비난하는 것입니다. 비난형은 회유형과는 반대 유형입니다.

잘못하면 다른 사람을 지적할 수 있지만 자기가 잘못해도 다른 사람 탓을 합니다. 비난하는 사람은 내면이 폭력성으로 가득하기에 다른 사람을 지적하기는 쉽지만 자신의 부족한 점을 인정하지 않습니다. 그래서 나는 옳고 다른 사람들은 틀렸다고 생각합니다.

이보다 더 심각한 비난형은 '분노조절장애'의 문제를 같이 가지고 있는 경우입니다.

그리고 비난형의 사람은 회유형의 배우자를 만날 확률이 높습니다. 비난형이 볼 때 회유형의 사람들을 보면 순종적이고 착해 보여서 자신을 공격하지 않으리라 생각합니다. 그래서 비난형의 사람들은 겉으로는 강해 보여도 속마음은 굉장히 약한 사람들이라는 것을 알아야 합니다.

c. 초이성형

초이성형은 내면을 차단해 감정을 전혀 느끼지 못하거나 혹은 무시하려고 하는 특징이 있습니다.

감정을 느끼지 않으려고 하기에, 겉으로는 마치 냉혈 인간처럼 보입니다. 그러나 억압된 감정 아래에는 엄청나게 숨겨진 감정들이 많습니다. 감정은 사라지는 것이 아니라 차단하는 것입니다.

그래서 감정이 차단되어 있기에 어떤 상황에만 초점이 있고 주변 사람의 감정은 공감하지 못합니다.

또한 초이성형의 사람일수록 자신의 감정을 인정하지 않기 때문에 다른 사람의 감정도 인정하지 않으며 감정을 표현하는 사람을 무시하려고 합니다. 아무리 마음이 힘들다고 이야기를 해도 그게 무슨 말인지 잘 이해를 못 합니다.

그래서 초이성형과 함께 있는 사람은 정서적인 박탈감을 경험합니다. 초이성형 부모를 둔 자녀는 적절한 친밀감을 경험하지 못하고 상대에게도 친밀감 있는 관계를 요구하지 않습니다. 오히려 상대방이 친하게 지내려고 하면 어색해서 관계를 잘 맺지 못합니다.

그래서 감정을 스스로 느끼는 것은 정말 용기 있는 사람들이 할 수 있는 영역입니다. 사고기능이 발달하였지만 감정을 표현하고 느끼는 것에 약한 사람들은 감정을 무시합니다.

하지만 감정은 자아 구성의 핵심입니다. 자신의 감정을 느끼지 않는 사람은 자아가 건강할 수 없습니다. 감정을 억누르는 사람은 생기가 없고 무표정합니다. 그래서 다른 사람들에게도 호감을 느끼기 어렵습니다.

d. 부적절형

부적절형은 현실도피의 특징이 있습니다. 부적절형은 '산만', '회피', '철회' 등으로 세분화할 수 있습니다.

산만형은 일반적으로 유머 감각이 뛰어나고 모임에서 분위기를 주도하는 사람들입니다. 그러나 내면을 성찰하면 감정을 꺼내지 못하고 굉장히 힘들어하며 진지한 이야기를 잘 들어주지 못합니다. 오히려 그것을 농담으로 넘어가려고 하는 경향이 있습니다.

회피형은 어려운 상황에서 도망갑니다. 주로 집에서 나가 딴짓을 합니다. 그런데 몸은 떨어져 있지만, 정서적으로는 연결되어 있어 계속해서 궁금해합니다.

철회형은 정서적으로 단절하는 것입니다. 예를 들어 부모가 싸우면 문을 닫고 전혀 개입하지 않고 자기가 해야 할 일만 하는 것입니다.

지금까지 네 가지 의사소통에 대해 알아봤습니다. 자신의 의사소통을 알아야만 내면을 살펴볼 수 있습니다. 자신을 모르면 그동안 나를 만나왔던 사람들의 감정을 이해할 수 없습니다.

감정이 억압되면 '우울증'이 생깁니다

우리가 느끼는 감정은 어떤 감정이든 소중합니다. 감정을 억압한다는 것은 그만큼 내면아이가 자라지 못했다는 의미이기도 합니다. 여러 감정 중에 특히 분노와 슬픔은 마음을 치료하는 효과가 있다고 해서 치유 감정이라고 이미 말씀드렸습니다. 그런데 분노의 감정을 억누르고 표현하지 못했던 기억들이 많은 사람은 우울증을 겪습니다.

생각해보십시오.

아이들은 언어의 수단이 울음입니다. 울음으로 자신의 필요를 채워달라는 욕구를 표현하는 중인데, 자신의 울음을 누군가 받아주지 않았다고 하면 얼마나 화가 나겠습니까?

그런데 그 아이를 양육하는 부모의 정서적인 상태가 이성적인 기능만 개발되었다고 한다면 당연히 아이는 우울할 것입니다. 우울감이 지속적으로 경험되면 결국 우울증으로 이어집니다.

그래서 감정을 만져줄 수 있는 부모가 자녀 양육을 잘하는 것이고, 그런 감정을 수용 받아 본 사람들이 성인이 되어서도 관계적인 즐거움을 느끼고 갈등을 극복할 수 있습니다. 이런 사람이 회복탄력성이 좋은 사람이라고 할 수 있습니다.

상담하면서 우울증이 있는 분들을 많이 만났습니다.

우울증을 가진 사람들은 무엇보다 자신의 존재감이 약하다는 것이 가장 큰 특징이라고 할 수 있습니다. 우울증을 가진 사람의 주된 감정에는 슬픔, 분노, 불안, 무기력한 감정을 품습니다. 하루를 사는 기분이 마치 과한 숙제를 하는 기분처럼 힘겹기만 합니다.

우울증에 걸린 사람은 세상을 보는 관점이 부정적이고 편협적이어서 다른 사람들이 자기의 욕구를 채워주기만을 바라지만 정작 본인은 타인에게 무관심하고 의사소통을 잘하지 못합니다. 그래서 사회적 관계로부터 자신을 고립시킵니다. 사회적인 스트레스를 내재화하면서 외부관계를 차단합니다.

고립은 관계를 외부와 차단해서 자기 스스로 고립하는 것입니다. 그러나 또 혼자만의 시간을 견디지 못하고 마음이 공허해지면 그 마음을 음란물이나 게임, 과한 일이나 약물로 채우려고 합니다. 이는 중독으로 이어질 수 있는 확률이 매우 높습니다.

마지막으로 우울증은 삶을 살아가는 동기가 매우 낮습니다. 빅터 프랭클린(Viktor Frankl) 박사는 인간을 의미의 존재라고 했습니다. 아무리 극한 환경이지만 어떤 의미를 갖고 있느냐에 따라서 현재가 달라진다고 하는 것입니다.

우울증에 걸리면 삶의 의미를 느끼지 못합니다. 재미가 없고 무엇을 해도 기쁘지 않습니다. 자기가 해야 할 일을 제 시간에 마치지 못하며, 생각이 너무 많다 보니까 깊이 자지도 못합니다.

생각이 너무 과한 것을 가리켜서 '과잉정신 활동'(Personnes Encombrees de Surefficience Mentale , PESM)이라 합니다. 한 마디로 신경이 예민해집니다. 미래에 대해 불안하게 생각을 하고 그래서 휴식이라는 것이 무엇인지 잘 모릅니다.

그렇다면 이런 우울증 환자는 처음부터 우울증을 갖고 있었던 것이었을까요? 그렇지 않습니다.

우울증을 만드는 가족 에너지

가끔 좋은 부모의 조건에 대해 제게 질문을 하는 분들이 있습니다. 물론 좋은 부모의 조건을 질문하는 것은 중요합니다. 그러나 그보다 좋은 인간의 조건이 더 중요한 질문이라고 생각합니다. 그것이 더 본질에 가까운 질문이라고 생각하기 때문입니다.

저는 이 질문의 답을 '정서적 안전감'이라고 말씀드리고 싶습니다. 정서적인 안전감을 가지면 앞의 내용처럼 일치적 의사소통을 할 수 있는 확률이 매우 높고 감정 조절을 할 수 있는 내면의 힘이 생깁니다. 게다가 일관성이 있는 양육이나 대인관계를 할 수 있습니다. 그날그날의 기분에 따라서 양육하지 않습니다.

정서적인 상태가 안정감이 있으니 일관성 있는 정서적인 상태를 유지하기에 대인관계에서도 안전감을 상대방이 경험하게 됩니다.

직장 상사의 감정이 그날그날에 따라 달라진다면 동료들은 어떻게 장단을 맞춰야 할지 모를 것입니다. 주변 사람들은 당연히 눈치를 살피게 될 것입니다. 그리고 불편해할 것입니다.

항상 같이 있어야 하는 가족이 안전감이 부족하다면 일관성 있는 양육을 하지 못할 것이고 자녀는 지속적이고 반복적으로 부정적인 감정을 경험하게 될 것입니다.

또한 독재적이고 강압적으로 통제하는 부모는 자녀의 삶 전부를 통제하려고 합니다.

어떤 친구는 만나라고 하고, 그렇지 않은 친구는 너무 못 만나게 하는 등 지나치게 간섭합니다. 적절한 훈계는 필요하지만, 너무 지나치면 자녀를 통제하는 것입니다.

게다가 통제적이고 독재적인 부모에게 자녀들은 자신의 감정이나 생각을 표현하기보다는 계속 억눌려 있기에 '어차피 엄마한테 말을 해봤자, 어차피 아빠에게 말을 해봤자 달라질 것은 없다.'라고 생각할 것입니다. 그래서 부모가 볼 때는 순종적으로 보이는지 몰라도 자녀의 마음은 무력감과 무능력을 느끼면서 자기 자신을 상실하는 기분을 경험하게 됩니다.

그래서 정말 현명하고 마음이 안정감이 있는 부모는 자녀들에게 스스로 도전해서 실패할 기회를 많이 제공합니다. 사실 통제성이 강하다는 것은 그만큼 부모님의 정서 상황이 안전감이 부족하다는 것을 뜻하는 것입니다.

통제성은 자기가 생각하는 대로 상대방이 움직여 주기를 원하는 마음입니다.

통제성이 강한 부모님은 자신이 불안해서 자녀나 또는 누군가에게 어떤 것을 어떻게 하라고 제시하고 있지만, 마음 가장 깊은 곳에서는 자신도 통제받았던 부모님의 그림자에서 상처를 극복하지 못하고 있는 모습입니다.

자녀가 실패했을 때, 다시 할 수 있다고 격려하고, 다음에는 어떻게 하면 좋을지를 자녀 스스로 생각할 수 있어야 합니다. 이렇게 양육하는 것은 시간이 다소 걸리지만, 자녀 스스로 자신의 삶을 사는 자아를 형성해 줍니다. 그리고 이런 것을 가리켜서 '창조성의 작업'이라고 합니다. 그런데 부모가 세상이 두려워서 혹은 실패하는 것을 견디지 못해서 모든 것을 통제하고, 자녀들에게 지나치게 정보를 주는 것은 부적절한 심리상황입니다.

우울증 데리고 살기

사람들은 심리 상담과 정신병원의 치료가 서로 어떻게 다른지 궁금해합니다. 정신과는 약물치료를 대체로 많이 합니다. 심리적 이완 효과를 약물을 통해 감정적인 기복을 줄이는 효과가 있습니다.

심리치료는 원인치료라고 할 수 있습니다. 앞서 뇌 기능에서 이성을 다루는 기능과 정서를 다루는 기능을 크게 나누어서 설명했습니다. 중요한 것은 정서를 다루는 뇌의 변연계에 이상이 생기면 정서적인 어려움을 많이 겪게 됩니다. 그리고 자아와 대인관계 등의 어려움을 많이 겪을 수밖에 없습니다.

저는 개인적으로 우울증이 너무 심할 때는 약물치료와 심리치료를 같이 진행하면 좋다고 생각합니다. 우리나라에서는 지금까지 정신과나 심리상담소를 찾는 것에 대해서 부담감이 있거나 사람들의 선입견으로 찾지 못하는 경우가 많이 있습니다. 그러나 정신적인 것에 가치를 두고 투자할 수 있는 것은 정말 소중한 일입니다.

사람들은 자신의 인생과 가문이 새로워지기를 원합니다.

그러나 이 일은 자연스럽게 이루어지지 않습니다.

그렇다고 기도만 한다고 해서 되는 것도 아니고 스스로 극복할 수 있는 문제도 결코 아닙니다. 전문가의 도움이 필요한 부분은 도움을 받아야 합니다. 누군가의 도움을 받는 것은 절대로 부끄러운 것이 아닙니다. 모르면 모른다고 말하고, 도움을 받고 싶으면 도와달라고 하는 것은 사람만이 할 수 있습니다.

변연계를 변화시키는 것은 심리 상담도 필요하지만 유산소 운동도 매우 좋습니다.

저는 몇 년 전부터 권투를 시작했습니다. 사실 업무적으로 스트레스가 많았었는데 스트레스를 풀 겸 시작했습니다. 그때는 당장 효과를 느끼지 못했습니다. 그러나 돌아보면 몸을 푸는 것이 마음이 풀리는 일이었습니다.

우울증은 마음의 감기라고 말합니다.

감기도 감기 증상에 따라서 약을 먹고 가볍게 지나가는 감기도 있지만, 그렇지 않으면 푹 쉬어야 하는 감기도 있습니다.

　우울증도 마찬가지입니다. 너무 과한 우울증은 휴식이 많이 필요하겠지만 가벼운 우울증은 유산소 운동을 꾸준히 함으로써 극복할 수 있습니다. 게다가 아까 말씀을 드린 것처럼 억압된 감정, 즉 분노의 감정을 자꾸 풀어야 합니다.

　분노의 감정은 힐링의 감정입니다. 그런데 그 감정이 불편해서 계속 참으려고 하고 그냥 넘어가려고만 하면 회복은 일어나지 않습니다.

　생각해보십시오. 어머니에게 화가 난 아이가 있습니다. 화난 아이에게 부모님을 존경하라고 존경이 될까요? 그런데 화가 풀리면 그동안 나에게 잘해 주셨던 부모님의 고마움도 보이고 수고도 느껴질 것입니다.

새로운 규칙이 필요합니다

우리는 이제, 감정은 느껴도 괜찮은 것이라고 결단해야 합니다.

모든 감정이 다 소중합니다.
즐거운 감정만 좋은 것이 아닙니다.
즐겁지 않은 감정에도 좋은 것이 있습니다.

우리가 부정적인 감정을 느끼지 않고 무조건 억압하려고 하면 그 감정이 풀리지 않아서 신체적인 질병으로 이어집니다. 게다가 분노의 감정을 억누르면 생각이 유연하지 못하고 잠재적인 가능성도 발견하지 못합니다.

원하는 것은 원해도 괜찮습니다.
욕구는 충족되면 그다음에는 참을 수 있습니다.
욕구가 충족된 경험이 없으므로
먹고 싶어도 사달라고 하지 못합니다.

원하는 것이 있으면 표현해야 합니다.

자기는 표현하지도 않았는데 상대방이 알아서 채워주기를 바라는 것은 자기중심적으로 생각하는 내면아이의 특징입니다.

나의 마음에 잡혀 있는 내면아이의 습관을 지금도 그대로 유지를 한다면 새로워질 수 없습니다. 규칙과 어긋나게 행동해도 됩니다. 너무 정직하고 바르게만 생각하고 흐트러진 모습을 보이지 않으려고 하는 것은 마음이 긴장하고 있는 신경증적인 상태입니다. 한번 흐트러져본 경험이 있다고 해서 인생이 흐트러지는 것은 아닙니다. 가끔 실수해도 괜찮다는 생각을 해도 좋습니다.

실수하지 않고 어떻게 성장할 수 있을까요?

그런데 마음에 내면 부모가 완벽하고 강압적인 인격으로 구성되어 있으면 실수를 용납하지 못합니다. 자기 자신에게 쉼을 주지 못합니다. 언제나 마음이 긴장되어 있습니다.

실수해도 됩니다.
실수 자체가 부끄러운 것이 아닙니다.
실수를 반성하지 않는 것이 부끄러운 것입니다.

성공한 사람들은 혼자만의 시간을 통해 반성적인 사고를 하는 특징이 있습니다. 반성하는 사고를 갖고 삶을 성장시키기 위해 노력하는 것은 미래를 준비하는 현재입니다.

그리고 다른 사람들을 '사랑하는' 새로운 규칙을 만들어야 합니다. 다른 사람에게도 의도적인 관심을 가져야 합니다.

아이의 특징은 자기만 안다는 것입니다.

자기만 배가 부르면 다른 사람도 배부르다고 생각하고
자기가 재미있으면 된다고 생각하는 사람은 아이입니다.

내면아이도 똑같은 원리입니다.
어릴 때 채움을 많이 받지 못한 사람은 성인이 되어서도
다른 사람을 위해서 무엇인가를 배려하는 것이 부족합니다.

학대하는 부모를 경험한 내면아이

요즘 아동학대가 뉴스에서 많이 보도됩니다. 어린이집이나 가정에서 학대에 관한 뉴스를 볼 때마다 여러 생각이 듭니다. 사실 학대는 어른이 아이를 학대했다고 단순하게 생각할 부분이 아닙니다.

학대의 정서적인 특징은 미움, 분노, 적개심 등의 부정적이고 공격적인 감정들입니다. 그러니까 학대를 하는 부모는 자신의 부모로부터 학대를 받은 것이고, 자신의 부모에 대한 미움과 분노, 그리고 적개심이 해결되지 않은 상태에서 자신의 아이를 학대한 것입니다.

여러분은 좋은 부모의 조건이 무엇이라고 생각하시나요?
무조건 좋은 것을 해주는 것일까요?

만약 좋은 부모의 조건이 옷, 교육, 집 등의 외부적인 것을 해줄 수 있는 조건을 갖춘 것이라 생각하면서도 정작 자신의 내면에 미움과 분노, 적개심으로 가득하다면 어떤 양육 형태가 드러날까요?

신앙생활을 하면서도 자신이 어떻게 양육을 받았는지 모르는 분들이 많습니다. 이것은 자신에 대한 객관적인 자료입니다. 자신의 원초적인 자료를 스스로 무시하고 결혼해서 아이를 출산하고 양육하면 잘못된 방향으로 양육할 가능성이 높습니다.

자신의 원초적인 자료를 생각하고 자신에 대해서 생각하면서 수정하는 것은 일종의 기도와 비슷합니다. 기도란 하나님과 교제하면서 자기 자신과의 관계를 새롭게 하는 것입니다. 그런데 정작 자신에 대해서 모른다면 좋은 기도를 할 수 없습니다.

학대하는 내면부모가 마음속에 가득하다면 그런 상태로 사회생활을 했을 때 어떤 관계가 형성될까요? 자기 자신보다 서열이 낮은 사람에게 학대합니다. 또한 자기보다 힘이 약하다고 생각되는 사람을 학대합니다.

인간은 정말 신기합니다. 과거에 반복한 것을 다시 재연하고자 하는 성향이 있는데 이것을 가리켜 '강박적 재연'이라고 말합니다.

자신도 어린 시절에 힘이 강한 누군가로부터 경험했던 경험을 지금 힘이 약하다고 생각되는 누군가에게 또 그렇게 강박적으로 재연하는 경우가 너무 많습니다.

사실 하나님은 이웃사랑에 대해서 매우 강조하셨습니다. 이웃을 사랑하는 방법에 대해서 알기 위해서는 무엇보다도 자기 내면에 학대받은 내면아이가 있었는지를 냉정하게 생각해야 합니다.

그럼, 학대의 원인은 무엇이 있을까요?

일단 부부의 불행한 결혼생활을 원인으로 뽑습니다. 부부의 관계가 만족스러우면 자녀에게도 좋은 것이 흘러갑니다.

그리고 알코올 중독을 원인으로 뽑습니다.

세 번째는 학대가 자녀 양육에 필요한 교육과정이라고 오해하는데 원인이 있습니다. 여전히 어떤 부모는 아이를 때려서라도 잘못된 것을 고쳐야 한다고 생각합니다. 이것은 잘못된 사고입니다. 아이를 때린다고 해서 아이의 잘못된 습관이 고쳐지지 않습니다. 오히려 아이는 억압이 돼서 적개심만 높아질 뿐입니다. 아이의 잘못된 모습을 보면 서로 대화를 할 수 있어야 합니다. 부모가 아이와 대화할 수 있는 내적인 성숙이 필요합니다. 그렇지 않으면 아이를 때리고 욕하고 방임하고 학대하는 일이 생깁니다.

마지막으로 부모 자신의 어린 시절을 생각하면, 부모로부터 방임되고 학대받은 경험이 원인이 됩니다. 자신도 정서적으로 버림받고, 학대를 당했으면서 자녀를 학대합니다. 부모는 자신의 학대 행동이 과거 부모에 대한 보복 행동임을 의식하지 못하는 경우가 많습니다.

저는 상담소를 찾아오는 자녀들을 만나면서 많은 생각이 듭니다. 특히 크리스천 가정의 자녀들을 만나면서 마음이 아픕니다.

자신의 부모님은 교회에서 신실한 직분자로 인정받지만 정작 집에서는 자기를 학대하고 온 가족을 힘들게 한다는 것입니다. 게다가 학대하는 부모는 자신도 괴롭지만 계속 반복해서 학대하는 모습에 대해 죄책감을 느끼고 있습니다. 아니면 오히려 자신을 정당화하며 상담에 대한 필요성을 무시합니다.

사실 학대는 완벽주의나 강압적인 양육 태도를 지닌 부모에게 자주 나타납니다. 완벽주의나 권위적인 성향을 가진 사람은 부모에게 동일한 양육을 받았고 그런 양육 태도가 그림자처럼 마음에 있어서 언제든지 아이나 배우자에게 똑같이 하는 것입니다.

"저는 아빠가 너무 싫어요.
 아빠는 단 한 번도 제 말을 들어준 적이 없어요.
 제가 무엇을 원하는지도 모르는 분이에요."

이렇게 말하는 자녀를 만나면 마음이 정말 아팠습니다.

P라는 자녀의 아버지도 자신의 딸을 사랑합니다. 그러나 자신이 사랑을 받아본 경험이 별로 없으니까 자녀를 사랑하는 방식이 정상적이지 못합니다.

아이가 어떤 생각을 하고 있는지, 그리고 어떤 마음의 상태를 갖고 지내고 있는지보다는 자녀가 성공해야 하고 무언가를 이루어야 한다고 생각합니다. 이럴 때 아버지가 자신 내면에 대해서 생각을 정말 많이 해야 합니다.

물론 내면아이와 내면부모를 객관적으로 생각하고 교제를 한다는 것은 아프고 힘든 과정입니다. 생각하고 싶지 않은 기억과 감정이기도 합니다. 그러나 그것이 싫다고 해서 무의식적으로 회피하면 가정의 문제는 시간이 지날수록 점점 커질 뿐입니다.

학대는 결코 신체적인 영역으로만 생각해서는 안 됩니다. 언어적·정서적·성적 학대도 마찬가지입니다. 단순하게 드러나는 모습은 학대이지만, 내면세계에 대해서 생각하고 다뤄야 할 부분은 정말 복잡하고 다양합니다.

K씨는 착한 아들입니다. 언제나 다른 사람 입장에서 생각하고 행동하는 습관을 갖고 있습니다. K씨의 부모님들은 그런 아들을 볼 때마다 마음이 흡족했습니다. 착하고 말 잘 듣고 다른 사람들을 위해서 생각하고 행동하는 모습을 볼 때마다 하나님이 우리 아들을 잘 길러주셨다는 생각에 감사할 뿐이었습니다.

그러나 정작 K씨의 마음은 곤고했습니다. 왜냐하면 단 한 번도 자신의 생각과 감정대로 살아본 경험이 없었기 때문입니다.

기능적으로는 개발되었기 때문에 사회생활을 하는 것에는 큰 문제가 없었습니다. 그러나 정작 아내와 어떻게 대화를 해야 하는지, 어떻게 하면 다른 사람과 좋은 관계를 할 수 있는지 모릅니다.

신체적 학대를 당한 경험은 없었지만, 정서적으로는 학대를 많이 받아온 K 씨의 마음은 외로워서 친밀한 관계를 원하지만 정작 친밀한 관계를 두려워합니다. 그러니 인간관계가 상투적이고 누군가에게 의지하고는 싶지만, 자신의 마음을 표현하는 것에는 매우 서툴고 어색합니다. 사회생활을 할 때도 친절하고 봉사 정신이 투철해 보입니다. 그런데 대인관계에서는 항상 거리감이 있고 마음을 연 것처럼 보이지만 정작 자신의 마음을 열고 지낸 적이 없습니다.

여러분, 자신의 내면세계도 어색한데 어떻게 아내와 친밀한 관계를 경험할 수 있을까요? 우리는 알게 모르게 학대에 친숙합니다. 물론 가족마다 학대의 정도는 다릅니다. 그러나 꼭 기억해야 할 것은 신체적 학대만이 학대가 아닙니다.

마음을 알아주지 않는 정서적 방임도 학대에 해당합니다.

신체적인 학대는 겉에서 드러나기 때문에 멍이 들고 다치고 티가

나기 때문에 조심하려고 할 수 있습니다. 그러나 마음에 학대를 받은 것은 눈에 보이지 않습니다. 그래서 마음에 멍든 것이 있음에도 불구하고 정작 대수롭지 않게 지나가는 경우가 많습니다. 그러다가 어느 날 갑자기 어떤 신경증적인 증상이 드러나면 그때서야 큰일 났다고 생각하고 무엇인가를 하려고 노력합니다.

"엄마, 외로워요."
"우리 아빠는 제 마음을 이해해주지 않아요."

이런 말을 대수롭지 않게 듣고 넘어가면 결코 안 됩니다.

하나님은 어떻게 치유하실까요?

누가복음과 사도행전은 누가가 사도 바울의 무죄를 증명하기 위해서 데오빌로에게 보내는 편지 내용입니다. 누가는 의사가 직업이었습니다. 그래서인지 굉장히 구체적이고 정교하게 사도 바울의 무죄에 대해서 일목요연하게 기록해주고 있습니다.

> 그 모든 일을 근원부터 자세히 미루어 살핀 나도 데오빌로 각하에게 차례대로 써 보내는 것이 좋은 줄 알았노니 이는 각하가 알고 있는 바를 더 확실하게 하려 함이로라 (누가복음 1:3-4)

> 데오빌로여 내가 먼저 쓴 글에는 무릇 예수께서 행하시며 가르치시기를 시작하심부터 그가 택하신 사도들에게 성령으로 명하시고 승천하신 날까지의 일을 기록하였노라 (사도행전 1:1-2)

데오빌로는 로마의 직책을 맡은 사람으로 보입니다. 정확하게 어떤 직책인지는 모르지만, 확실한 것은 사도 바울의 재판에 긍정적인 영향을 줄 수 있는 직책을 맡은 사람이라 생각합니다.

그런데 누가복음에서는 누가가 "데오빌로 각하"라고 하지만, 사도행전에서는 "데오빌로여"라고 이름을 편하게 부르고 있습니다.

누가복음과 사도행전을 기록한 시간은 최소 2-3년 이상의 시간이 지났다고들 신학자들이 이야기합니다. 그러니까 데오빌로가 처음에는 서로 사회적인 호칭을 불러야 하는 사이였지만, 시간이 지나서 보니까 서로 편하게 이름을 부를 수 있는 관계로 발전되었음을 생각할 수 있습니다. '친근감'이 느껴질 수 있는 관계로 발전했다고 할 수 있습니다.

친근감을 느끼는 것은 회복의 첫 번째 단추입니다.

아무리 좋은 것을 가지고 있어도 친근감이 느껴지지 않는 사람과는 정서적인 거리감이 좁혀지지 않고 언제나 같이 있어도 멀게 느껴지는 법입니다. 물론 경계선을 지켜야겠지만, 친근감은 회복을 위해 매우 중요한 정서적인 영역입니다.

만약 가족끼리 친근감이 부족하다면 서로 대화를 나누는 것처럼 보여도 가시가 있는 대화가 될 것입니다. 이는 서로 친근감이 없기에 정서적인 교감을 느끼지 못합니다.

영생에 대해 궁금증이 많았던 율법 교사가 예수님을 시험하기 위해서 한 가지 질문을 합니다.

어떤 율법교사가 일어나 예수를 시험하여 이르되 선생님 내가 무엇을 하여야 영생을 얻으리이까 (누가복음 10:25)

예수님은 이렇게 답하십니다.

대답하여 이르되 네 마음을 다하며 목숨을 다하며 힘을 다하며 뜻을 다하여 주 너의 하나님을 사랑하고 또한 네 이웃을 네 자신같이 사랑하라 하였나이다 (누가복음 10:27)

이 부분을 마가복음에서는 이렇게 기록하고 있습니다.

예수께서 대답하시되 첫째는 이것이니 이스라엘아 들으라 주 곧 우리 하나님은 유일한 주시라 네 마음을 다하고 목숨을 다하고 뜻을 다하고 힘을 다하여 주 너의 하나님을 사랑하라 하신 것이요 둘째는 이것이니 네 이웃을 네 자신과 같이 사랑하라 하신 것이라 이보다 더 큰 계명이 없느니라 (마가복음 12: 29-31)

나에게,
미안했다고 말해주세요

첫째는 목숨을 다해 하나님을 사랑하는 것이고, 둘째는 이웃사랑이라고 말씀합니다. 여기서 중요한 것은 이것은 첫째와 둘째의 서열을 의미하는 것이 아니라는 점입니다. 하나님 사랑과 이웃사랑은 별개가 아니라 하나라는 의미입니다.

그런데 이웃 사랑의 첫 번째 장소가 어디라고 생각하시나요? 바로 가족입니다. 가족은 나를 경험하는 첫 번째 장소이고, 사회생활의 시작이기도 합니다. 나에게 가장 소중한 사람이 나를 어떤 태도와 방식으로 대했는지는 자존감 형성에 결정적인 요인이 되기도 합니다.

그중에서도 친밀감은 핵심입니다.
그렇다고 너무 친밀해서 밀착 관계가 되라는 것은 아닙니다.
가족이 친밀한 관계를 경험하는 것이 회복의 출발점입니다.
그중에서도 부부관계에 친밀함은 가족구조의 핵심입니다.

부부가 친밀하면 자녀의 문제도 곧 해결됩니다. 그러나 친밀하지 않고 서로 갈등을 풀어가는 방식이 유아적이면 자녀와의 관계도 역기능적으로 형성됩니다.

"엄마는 제가 무조건 캠핑을 하면 좋아하는 줄 아세요. 사실 전 캠핑을 하고 싶지 않아요. 그냥 저하고 놀이터나 집에서 놀아 주셨으면 좋겠어요. 그런데 그 말을 못 하겠어요. 엄마한테 혼날 것 같아서요. 솔직히 말하면 엄마가 캠핑을 준비했는데 저도 어쩔 수 없이 엄마한테 기분을 맞춰주는 것뿐이에요. 정말 엄마가 한 번쯤은 저한테 무엇을 하고 싶은지 물어봐 줬으면 좋겠어요."

저와 상담을 했던 어린 소녀의 말입니다. 그 소녀의 어머니는 교회에서 정말 충성적으로 봉사하는 집사님입니다.

여러분, 기도와 말씀은 하나님을 만나는 본질입니다. 이것이 본질이라면, 내 마음의 사랑을 서로가 공감하고, 친밀함 속에서 관계를 맺어가는 것은 기술입니다. 기술은 배워야 합니다.

하나님은 자신을 섬기기 때문에 가족과의 관계에서 소홀해도 된다고 생각하지 않으십니다. 부부가 서로 친밀감을 경험할 수 있는 대화는 자녀와의 관계에도 적용될 수 있습니다.

화를 참지 못해서 욱하는 부모들이 많습니다.

좋을 땐 한없이 좋지만, 한번 화가 나면 괴물과 같은 모습으로 변해버린다면 하나님이 기뻐하지 않으십니다.

감정조절을 하지 못하는 부모라면
한번 생각해보면 좋겠습니다.

혹시 여러분의 마음에 학대받은 내면아이가 있나요?
그 내면아이를 외면하고 지금까지 지내고 계시지는 않았나요?

마음속에 있는 내면아이와 대화를 신청하셔야 합니다.
그리고 하나님의 말씀으로 내면아이와 화해를 해야 합니다.

세 번째 이야기
상처받은 내면아이 보호하기

"그 사람의 기분을 정말 모르겠어요."

"화가 나면 어떻게 해야 할지 모르겠어요."

누군가에게 이런 말을 들은 적 있으시나요?

기분이 수시로 바뀌고, 자기가 기분이 좋을 때는 한없이 좋은 사람이지만 기분이 조금만 상해도 버럭 화를 내고 자신의 감정조절을 잘못하는 사람이 있습니다. 상대방은 이런 사람 때문에 불안합니다.

저는 부모 양육에 관한 세미나를 진행할 때 항상 동일하게 하는 말이 부모의 일관성에 대해 이야기를 합니다. 일관적인 양육 태도는 정서적인 조절과 성장이 있어야만 가능합니다. 그래서 좋은 부모가 된다는 것은 마음의 성장이 가능한 '일치적 상태'를 의미합니다.

내면아이가 성장한다는 것은 일치적 상태일 때 가능합니다.

사실 자기가 잘못한 것을 인정하고 또한 자신의 아픈 감정을 스스로 인식하는 과정이 쉽지만은 않습니다. 그런데 내면의 성장은 곧 인생이 성장하는 것이라는 점을 생각해야 합니다. 그리고 내면아이는 가족이라는 공동체 안에서 만들어지는 법입니다.

미누친(Salvador Minuchin)이라고 하는 가족치료학자는 부모가 너무 '과잉보호'를 하거나 지나치게 '엄격'하고 부부관계에서든 부모와 자녀와의 관계에서 겪을 수 있는 갈등이 유연하지 못하면 내면아이가 성장하지 못한다고 합니다. 문제가 생기면 서로 배척하고 믿지 못하고 불안한 상태가 되며 그런 상황에서 사회생활을 하고 가정을 이룹니다. 아무 문제가 없는 것처럼 말입니다.

많은 사람이 성공하기를 원합니다. 자신의 삶에는 좋은 일들이 있기를 바라는 마음으로 신앙생활을 합니다. 그러나 자기 내면이 성장이 안 된 상태에서는 그냥 자기만족에 멈추는 것입니다.

내면아이 성장에 시간과 관심을

내면아이의 성장에 기대를 하고 노력하는 것은 좋은 것이지만, 그렇다고 짧은 시간에 열매를 기대하면 안 됩니다. 지속적인 노력과 관심이 필요합니다. 간혹 어떤 분들은 "내가 상담을 몇 번 받아봤는데 별로 효과가 없었다"라고 말하는 분들이 있습니다. 몇 번 상담을 받아서 고쳐지는 것을 기대할 때 그 생각을 살펴보면 거기에도 정말 많은 의미가 담겨 있습니다. 내면아이의 성장과 회복은 몇 번 상담을 받아서, 아니면 수업 시간에 몇 과목 들었다고 되는 것이 결코 아닙니다. 저도 그랬으면 때론 좋겠습니다. 그러나 바뀐 것으로 보일지는 몰라도 변한 것은 아닙니다. 지속적인 시간과 관심을 두고 내면아이 성장에 정서적인 투자를 해야만 가능합니다.

내면아이의 치료는 중요한 문제입니다. 평소에는 그리 영향력을 드러내지 않습니다. 그러나 어떤 상황이 지루할 때, 두려울 때, 질투를 느낄 때, 피곤해서 컨디션이 좋지 않을 때, 누군가로부터 무시감이나 거절감을 느낄 때, 예상치 못한 상황에 처하게 될 때, 외로울 때 등 외부적으로 스트레스 상황이 되면 내면아이가 건강하지 못한 형태로 나타납니다.

거절하는 부모와 내면아이

　거절감은 폭넓게 생각할 수 있습니다. 거절감은 필요와 요구에 응답하지 않고 무시하거나 부정당하면 경험하게 됩니다. 사실 크게 상처가 될만한 것들은 조심하려고 합니다. 그러나 거절감은 내가 미처 생각하지 못했지만, 상대방에게 거절감을 느끼게 하는 경우가 있습니다.

　상대방이 나에게 요구하는 것에 대해 내가 원하는 것이 아니면, 거절해야 합니다. 그런데 상대방의 입장만 생각하느라 "아니요"라는 말을 못 하고 일을 크게 만드는 경우가 있습니다.
　주변에 거절을 잘못해서 어려운 일을 당하는 사람들이 얼마나 많은지 모릅니다. 그러나 거절감이 두려워서 사람들에게 가까이 다가가지 못하고, 자기 생각과 감정을 적절하게 표현하지 못하고 억압적인 상태로 지내면 더 큰 문제를 가져옵니다.

　거절감은 거절하는 부모로부터 경험되어 생긴 것입니다.

　부모로부터 거절감을 많이 경험하게 되면서 마음에 거절하는 부모의 인격이 그림자처럼 남아 생긴 결과입니다. 그래서 마음에는 거절 받은 내면아이와, 거절하는 내면부모가 그대로 있는 것이고 거절하는 부모에게 지금도 메시지를 받듯이 다른 사람을 거절하며 지내는 것입니다.

거절의 양육 태도

방임과 거절을 생각해봐야 할 것 같습니다. 방임과 거절은 거의 비슷합니다. 방임에는 크게 물리적 방임과 정서적 방임 이렇게 두 가지가 있다고 말씀을 드렸습니다. 물리적 방임은 같이 있고 싶지만, 같이 있지 못하는 경우입니다.

예를 들어 부모님의 사별과 이혼, 그리고 친척의 손에 맡겨진 상태에서 어쩔 수 없이 같이 있지 못하는 상황입니다. 반면 정서적 방임은 공감적인 경험이 부족한 경험입니다.

또한 거절에는 심리적인 거절, 물리적인 거절, 언어적인 거절, 사회적인 거절이 있습니다. 거절은 어떤 종류든지 누군가에게 무시

받는 경험을 한 것입니다.

거절의 양육 태도를 경험한 사람들은 공감 능력이 많이 부족하다는 것을 느낍니다. 어떤 상황에서 어떤 행동을 해야 한다는 사고능력에 비해 사람을 공감해주고 함께 해주는 능력이 너무 부족해서 따뜻함을 느낄 수 없습니다.

또한 거절감이 깊은 내면아이로 가득한 사람은 거절 받는 것이 두려워서 혼자 있으려고 하는 경향이 있습니다. 저는 이것을 애착과도 연결해서 생각해 볼 필요가 있다고 생각합니다.

존 볼비(John Bowlby)가 말하는 애착(attachment)은 관계를 통해서 자신의 존재감을 느끼려는 인간의 기본적인 욕구입니다. 그러나 애착 경험이 부족한 사람이 성장하게 되면 낯선 사람과 낯선 공간에서 있는 것을 굉장히 힘들어합니다.

애착 이론에서는 '안전기지'(the secure base)라고 하는 개념이 있는데, 애착 형성이 부족한 사람은 아이에게도 동일하게 나타납니다.

공원에서 놀더라도 엄마가 있는 위치에서 멀리 가지 못하고 근방에서만 머무릅니다. 성인이 되어서도 집에서 너무 멀리 떨어진 곳으로 가면 뭔가 어색하고 너무 멀리 온 것 같은 기분 때문에 불안하고 집에 빨리 들어가지 않으면 안 될 것 같은 생각에 즐기지를 못합니다.

애착이 부족하면 누군가 같이 있는 것이 좀 귀찮습니다. 같이 있는 것보다 혼자 있는 것이 편안하고, 장난을 치더라도 잘 받아주지 못합니다. 애착이 부족하면 거절감에 대한 두려움도 커지기 마련입니다.

거절감이 강한 사람은 관계에 대한 두려움이 큰 사람이기도 합니다. 마음으로는 그 사람과 함께 있고 싶고 친해지고 싶지만 거절감이 두려워서 쉽게 마음을 열지 못합니다.

거절하는 부모를 경험한 내면아이

거절감은 단순히 부모와의 관계를 통해서 생각할 것이 아닙니다. 거절에 대한 두려움은 인간관계뿐만 아니라 새로운 일을 맡거나 도전할 때도 나타납니다.

예를 들면, 어떤 직업을 가질 때 거절감을 극복하고 도전하면 직업을 성취할 수 있지만, 거절감이 두려워서 애초에 어떤 회사에 원서도 내지 않는다면 거절감 때문에 자신의 인생을 망치게 됩니다. 설령 그 회사가 나를 거절했다고 하더라도 다른 회사에 도전할 수 있습니다. 거절을 당했다고 정체성마저 흔들릴 필요는 없는 문제입니다.

'거절하면 거절을 했던 이유가 있겠지' 하는 생각을 하면 됩니다. 그런데 거절 받는 것이 비참해서 다른 것을 도전하지도 못하고 계속해서 그대로 멈추어 있는 것은 오히려 시간을 낭비하는 것입니다.

또한 거절감은 나의 욕구를 채워주지 못한 경험으로 만들어진 감정이라고 했습니다. 그런데 거절감을 중요한 대상으로부터 지속해서 경험한 사람은 다른 사람이 나를 싫어한다고 생각합니다.

이런 생각이 삶의 패턴화된 행동 양식이 됩니다.

그래서 거절을 두려워하는 사람의 행동을 가만히 지켜보면 마음에서 거절받을까 봐 울고 있는 내면아이를 발견할 수 있게 됩니다.

특별히 거절은 자기보다 힘이 없고 약해 보이는 사람을 만나게 되면 거절하는 부모의 인격이 그대로 드러나게 됩니다. 그것이 직장에서는 어떤 일의 형태로 드러나기도 하고, 인간관계 형태로 드러나기도 합니다. 물론 가족관계에서는 말할 것도 없습니다.

여러분들은 자신보다 힘이 없다고 여겨지는 사람들과 잘 지내시나요? 회사생활에서 직급이 낮았을 때는 자신의 내면부모가 드러나지 않습니다. 그러나 직급이 올라가면 올라갈수록 내면부모의 모습이 드러납니다.

그래서 자기보다 후배에게 내면부모의 모습이 드러나서 갈등을 겪게 되는 경우가 정말 많이 있습니다. 마음을 잘 관리한다는 것은 내면부모와 내면아이가 잘 지내는 것입니다.

내면아이가 미성숙하면 인간관계에서도 의사소통에 많은 걸림돌을 갖게 됩니다. 타인과 비교하면서 열등감을 느끼기도 하고, 상대방의 잘못을 들춰내서 인격적인 비난을 하기도 합니다.

또한 자기는 언제나 옳고 상대방에 위협적인 말과 행동을 해서라도 자신이 틀리지 않았다고 주장하고 그렇게 받아들이기를 원합니다. 이런 사람과 대화를 하다 보면 마음이 지치고 이제는 만나고 싶지 않은 생각이 들기도 합니다.

그리고 무슨 말을 해도 자기 말만 하는 사람이 있습니다. 조언한다면서 자기 말만 하는 사람은 상대를 지적하는 것입니다. 지적받는 느낌을 좋아하는 사람은 단 한 명도 없습니다. 물론 부족한 부분은 가르칠 필요가 있겠지만 매사 조언과 지적하고 자기 말만 하는 사람을 좋아하는 사람은 없을 것입니다. 게다가 상대방의 말을 뒷등으로 듣기까지 한다면 어떨까요? 아니면 상대방의 말을 지레짐작해서 마음대로 판단하고 생각한다면 어떨까요?

관계적인 즐거움은 내면아이가 성장하면 자연스럽게 경험되는 일입니다. 관계적인 어려움은 인간관계뿐만 아니라 여러 분야에 적용할 수 있습니다.

출발은 마음의 영역입니다. 마음의 영역을 무시하면 안 됩니다. 다시 말해서 내면아이를 무시하면 안 됩니다. 정말 신경을 많이 써야 합니다. 바쁜 일상이지만 그래서 시간이 부족하지만, 억지로라도 시간을 내서 반드시 관리해야 합니다. 내 인생과 가문의 운명을 바꾸는 아주 중요한 작업이기 때문입니다.

거절감에 대한 마음이 강한 사람의 핵심적인 감정은 두려움입니다. '그 사람이 나를 싫어하면 어떡하지?', '그 회사가 나를 싫어하면 어떻게 하지?' 등의 부정적인 거절감은 새로운 제안이나 일을 하는 데 주저하게 만듭니다.

또한 다른 사람의 말을 잘 믿지 못하고 의심과 불신으로 가득한 상태라고 한다면 좋은 친구를 곁에 둘 수 없습니다. 칭찬과 호감의 말을 있는 그대로 받아들이지 못하고 '혹시 나한테 어떤 의도가 있는 것이 아닌가?' 하는 생각으로 상대를 오해한다면 그도 알아차리게 될 것입니다.

저는 개인적으로 거절감만을 극복해도 생활상의 즐거움의 영역이 넓어질 거라는 생각을 합니다. 사실 사람은 관계를 통해서 존재의 즐거움을 경험합니다.

혼자 가만히 있는 상태에서 '나는 사랑받는 사람이야.'라고 생각하는 사람은 없습니다. 누군가와 관계를 통해서 열망이 채워지고 열망이 채워져야만 진정한 나(self)를 경험하는 것입니다. 그런데 열망이 채워지지 않으면 타인에 대한 불신의 마음으로만 지내게 됩니다.

친밀함을 두려워한다고 고립되는 것을 원하지는 않습니다. 나도 사랑받고 싶고 관심받고 싶습니다. 다만 그것에 대해 불편함이 있어서입니다.

사람은 누군가를 의존하면서 자신을 경험하고 건강한 심리가 만들어지는 것인데, 의존하지 못한다는 것은 거절에 대한 두려움을 극복하지 못하는 것이라고 해도 과언이 아닙니다. 그래서 내면아이의 성장은 단순히 인격의 결핍만을 생각하는 영역이 아닙니다.

또한 정서적인 상황은 나로만 멈추는 법이 없습니다. 반드시 자녀들에게로 흘러가게 되어 있습니다. 그리고 그 자녀의 자녀들에게도 흘러가게 되어 있습니다. 이런 현상을 가리켜서 가족치료사인 보웬(Muray Bowen)은 '다세대전수'(multigenerational transmission process)라고 했습니다.

상처받은 내면아이를 위한 회복의 원리

저는 무엇보다 자신이 자기에게 좋은 부모가 되는 것이 중요하다고 생각합니다. 사실 자기 스스로 자신을 돌보지 않으면 누가 자신을 돌봐주겠습니까? 사람마다 다소 차이가 있겠습니다만, 거절감을 너무 과하게 경험한 사람은 자기 자신을 지키지 못하는 파괴적인 행동을 자신에게 하는 사람들도 많이 있습니다.

예를 들어 무분별한 성행위나 중독 등이 그렇습니다. 물론 생각해보면 더 많은 자기 파괴적인 행동을 찾아볼 수도 있을 것입니다.

자기가 자신에게 좋은 부모가 되어 적절한 자기 양육 태도를 보이는 것을 가리켜서 '자기 치유'라고 말을 합니다. 기존에 있었던 자기 거절의 태도를 버려버리고 내면아이를 성장시키는 작업입니다.

내면아이가 원하는 심리적인 영양분을 공급해주고 채움과 거절감에 대한 결핍에 대해서 한 걸음씩 해결하기 위한 작업입니다.

자기 자신을 적절히 양육하는 자기 치유 과정을 경험하기 위해선 자기 환경적인 태도를 스스로 취하고 있어야 합니다. 자기 존재를 기뻐하고 즐거워하며 환대하는 것입니다.

그러나 거절감을 많이 경험한 사람은 '자기 환영'(welcome yourself)을 스스로 하는 것을 어색해합니다. 누구나 자기 환영을 손쉽게 할 것 같아도 그런 경험이 부족하면 어색해서 쉽게 되지 않을 뿐만 아니라 오랫동안 유지할 수도 없습니다.

저는 내면아이 세미나를 진행하면서 자신에게 환영하는 마음으로 편지를 쓰는 시간을 가지곤 합니다. 그런데 막상 시작하면 처음에는 어색하지만 참여자들 중 많은 사람이 마음에 감동을 경험합니다.

생각해보면 그럴 만도 합니다. 우리는 바쁜 일상에 사느라 자기 자신을 축복하고 환영하는 마음으로 돌보는 것을 놓칠 때가 많습니다. 오히려 다른 사람들은 축복하지만 정작 나 자신을 축복하는 시간을 갖지를 못합니다.

자신에게 축복하니 마음에 풍요로움을 많이 경험합니다.

그리고 서로가 서로에게 축복의 시간을 갖습니다.
상대방의 말 한마디가 나를 새롭게 합니다.

내가 듣고 싶었던 그 한 마디를 매정하게도 들려주지 않아서 마음의 상처가 났었습니다. 사람의 변화와 회복은 가르침을 받을 때보다 내가 나의 말을 할 때 경험되는 것입니다.

하나님은 어떻게 치유하실까요?

예수님은 당신을 만나는 조건에 대해 아무것도 말씀하시지 않으셨습니다. 그냥 내게 오라고 말씀을 하고 계십니다.

> 수고하고 무거운 짐 진 자들아 다 내게로 오라 내가 너희를 쉬게 하리라 (마태복음 11:28)

지금까지 살아오면서 '내가 어떻게 하면 사랑받을 수 있지?'라는 생각으로 만들어진 '생존 자아'는 살기 위해 만든 자기 모습입니다. 너무 익숙하고 자연스러워서 문제가 되는지도 모르고 살았던 자기 모습입니다.

그런데 어느 순간이 되니 왜 그런지는 모르겠지만, 자꾸 화가 나기도 하고 괜히 이유 없는 눈물이 납니다. 그리고 어떤 일이나 관계에 있어서는 부담스럽습니다. 심지어는 주님께 가까이 가는 것도 어떤 조건에 맞는 사람이 되기 위해서 큰 노력과 마음의 부담감이 있었는지도 모릅니다.

그러나 주님은 지속해서 우리에게 "수고하고 무거운 짐을 진 자들아 다 내게로 오라"고 말씀합니다.

조건 없는 부르심입니다.
그냥 우리는 가면 됩니다.

의외로 수고하고 무거운 짐을 갖고 살아가는 분들이 많습니다. 내가 무엇을 느끼는지, 내가 무엇을 좋아하는지, 내가 왜 이런 것을 해야 하는지 등의 의미를 느끼지 못하고 지내오다 보니까 진정한 행복이 무엇인지 기준 없이 사는 경우도 있습니다.

"저는 솔직히 엄마한테 힘들다고 말하지 못하겠어요.
 내가 힘들다고 하면 엄마가 슬플까 봐요. 그래서 씩씩하고
 괜찮은 척해요. 그래야 엄마가 걱정하지 않을 것 같아서요."

엄마를 걱정하는 자녀는 엄마에게 자신의 마음을 표현하지 못합니다. 이를 가리켜 '부모자아'(Parent ego)라고 합니다. 부모자아는 자녀가 부모님 걱정을 하는 것을 의미하는 것으로 어린 나이에 가족에 대한 무거운 짐을 스스로 책임지려는 마음의 태도입니다. 그래

서 자신의 감정을 솔직하게 표현하는 것이 어색할 수 있습니다.

괜찮지 않지만 괜찮은 척하는 것이 사랑받는 조건이라고 생각하는 사람도 있습니다. 그런데 주님은 그런 조건조차도 내려놓고 그냥 내게 와서 쉬라고 말씀하는 겁니다.

나를 향한 무한한 사랑입니다.

결국 인간은 사랑을 받고 싶은 마음으로 여러 가지 역할을 만들고, 그렇게 행동하면서 살아갑니다. 그러다 보니 얼마나 마음에 수고가 많은지 모릅니다.

이제는 주님의 음성에 귀를 기울이며
나에게 주시는 영적인 쉼을 맛볼 차례입니다.

Part 04

**내면아이가 성장하는
6가지 키워드**

첫 번째 키워드
회복으로 가는 과정

앞에 내용에서 치유의 원리를 말씀을 드렸습니다만 이 장에서는 여러분이 쉽게 적용할 수 있도록 좀 더 상세히 설명하고자 합니다. 다음의 단계들은 내면아이의 성장이 이루어지는 순서입니다.

a. 자기개방

하나님은 내가 어떻게 자기를 개방하는지에 따라 마음에서 역사하십니다. 그렇다고 마음에서 허락되지도 않은데 억지로 자기개방을 할 필요는 없습니다. 하나님은 인격적인 분이시고 인격적으로 교제를 하는 분이시기 때문에, 내가 마음에서 허락하지도 않았는데 억지로 마음의 상처와 아픔을 드러내라고 요구하지 않으십니다.

내면아이가 그때 얼마나 외롭고 슬펐는지, 그리고 그때 거기서 경험되었을 마음의 풍요로움에 대해서 지금 여기서 이야기를 할 수 있다는 것은 그만큼 성장할 가능성이 있다는 의미이기도 합니다. 즉, 내가 그때의 기억을 말 할 수 있다는 것은 그만큼의 회복의 씨앗도 있다는 것입니다. 내면아이가 성장하지 못한 이유는 아직 상처를 입게 된 원인과 배경을 개방하는 자기 개방의 정도를 하지 못해서입니다. 그래서 내면아이와 더 깊은 교제가 필요합니다.

b. 재구성 작업과 감정 정화

전에 저를 가르쳤던 지도교수님이 모든 회복은 '회상'으로부터 시작된다고 말해주셨습니다. 그리고 저는 종종 그때의 가르침을 생각하곤 합니다.

회상은 그때 거기서 어떤 생각을 했었는지, 그리고 어떤 감정을 느꼈었는지 그래서 어떻게 생각하고 행동하기로 했는지 그때로 돌아가서 생각해보는 겁니다. 이를 가리켜 '재구성 작업'(Constructions)이라고 합니다. 어떤 분들은 재구성 작업을 '내적 프로그래밍'이라고 표현하기도 합니다. 같은 의미입니다.

우리는 그때 거기서 삶을 어떻게 생각하고 어떻게 행동하고, 어떻게 느끼며 살지를 이미 결정해버렸습니다. 그 생존방식이 너무 자연스럽고 당연하였습니다. 그래서 스스로 자각하지도 않았습니다.

그러나 그때 느껴야 했던 감정을 표현하는 감정 정화를 통해서 내면의 구성을 다시 구성하는 작업을 하는 것입니다. 그 시작이 자기 개방으로부터 시작돼서 재구성과 감정 정화까지 이어지는 것입니다.

c. 통찰과 해석

인지적으로 알아차린 그때의 기억과 감정은 지금 나의 삶에서 어떤 영향을 끼치고 있는지 부정적이든 긍정적이든 통찰하는 것을 의미합니다.

'아하. 그래서 내가 지금 이렇구나'라고 하는 경험입니다.

'아하'는 회복의 소리입니다. '아하'라는 소리가 자기에게 나오기까지 사람에 따라 시간이 다를 수 있습니다.

내면아이가 다른 사람에게 자신의 이야기를 하고 싶지 않은 사람일수록 '아하'의 경험은 늦게 오든지 아니면 기회의 필요성을 미룰 수도 있습니다.

d. 사고의 전환

방금 '아하'는 회복의 소리라고 말씀드렸습니다. 그런데 '내가 그래서 그랬구나!' 하는 경험은 사고의 전환을 가져옵니다.

지금까지 살면서 나에 대해서 스스로 생각했던 사고가 있을 겁니다. 그 가운데 마음에서 버릴것은 버리고 새로운 나에 대해 생각하는 겁니다. 사고의 전환이 이루어지는 순간입니다.

생각이 달라진다는 것은 마음이 달라진 것을 의미합니다. 마음의 생각이 변화니 지금 나에게 고통을 느끼게 하는 어떤 조건이나 상황에 대한 스트레스 수위를 낮추는 마음의 힘이 길러지게 됩니다.

> 그러나 너희는 택하신 족속이요 왕 같은 제사장들이요 거룩한 나라요 그의 소유가 된 백성이니 이는 너희를 어두운 데서 불러 내어 그의 기이한 빛에 들어가게 하신 이의 아름다운 덕을 선포하게 하려 하심이라
> (베드로전서 2:9)

하나님의 말씀을 통해 우리에게 허락하신 정체성도 마음으로 믿

어지고 어떤 행동을 할 수 있는 도전 정신이 생깁니다.

상담하면서 어른이 되었지만, 부모에게 들었던 잘못된 어떤 단어나 문장들이 마음에 그대로 새겨진 분들을 만납니다. 즉 '내면화된 부모의 목소리'로 인해서 자신의 가능성에 대해서 스스로 묻어 버리거나 자신의 정체성을 잘못 알고 있는 분들을 많이 만났습니다.

"저는 지금까지 살아오면서
 제가 그런 것을 할 수 있는 사람이라고 생각하지 못했어요."

"저는 항상 부족하다고만 생각했어요."

"저는 나 자신이 못생겼다고만 생각했어요."

어른이 돼서 말하는 것 같지만, 언제가 그때 거기서 잘못들은 내면화된 부모의 목소리입니다. 중요한 것은 나에게 심어진 내면화된 부모의 목소리를 또 다른 누군가에게 그대로 하는 경우가 많습니다. 거의 사랑하는 가족들에게 하는 경우가 많습니다.

그래서 자기 화해가 중요합니다.

내면아이의 성장은 곧 자기 화해입니다.

자기 화해를 한다는 것은 억압된 자신의 감정을 스스로 개방하는 자기개방으로부터 시작되는 것입니다. 약함을 말할 수 있는 것은 자신감이 있어야 가능한 모습입니다. 사람들에게 약한 것을 말할 때 나에 대해서 어떻게 생각할지를 생각하게 되면, 자신의 부족함을 절대로 인정할 수 없습니다.

약할 때 강함 되시는 하나님을 의지해야 합니다. 약한 것을 인정하고 고백한다는 것은 전혀 쉽지 않습니다. 지금까지 살아왔던 나의 삶의 방식들이고, 그 방식들을 유지해야만 나의 정체성이 유지된다고 생각해왔기 때문입니다.

e. 실험 행동

사실 자신의 약함을 인정하고 사고가 재전환 되는 것까지 가는 것만으로도 굉장히 중요하고 쉽지 않은 과정이기는 합니다. 모든 변화의 시작은 자각이기 때문입니다. 그러나 자각이 되었다고 해서 그냥 거기에만 머물러 있으면 아무 소용 없습니다.

행동을 통해서 마음에 새로운 경험을 해봐야 합니다. 이를 가리켜서 인지심리 행동에서는 '실험 행동'(analysis of behavior)이라고 말합니다.

실험 행동에는 조건이 있는데, 너무 큰 목표를 세우는 것보다는 작은 것부터 시작하라는 것입니다. 작은 것을 도전해서 성취감을 경험해봐야 더 큰 목표를 이루기 위해 도전이 가능합니다. 그러나 너무 의욕이 앞서서 큰 목표를 세워서 시작부터 너무 버거우면 지속해서 노력하지 못합니다.

어떤 목표든지 작은 목표든지 시작해야 합니다.
일단 시작부터 해야 합니다.

시작해 보고 새롭게 경험을 해봐야만 자신만의 입장이 만들어집니다. 그리고 다음번에는 어떻게 해 보자고 하는 새로운 생각과 마음이 만들어지는 법입니다.

이런 경험들이 많아질수록 좋은 습관이 만들어집니다. 대개 성공한 사람들은 좋은 습관이 많은 사람이라고 합니다. 그러나 성공한 모습만 생각하는 것보다는 평상시 작지만 어떤 좋은 습관들이 나에게 있는지를 관찰하는 것으로부터 시작되어야 합니다. 누구나 할 수 있습니다.

f. 치유적 관계의 경험

하나님은 인간을 자기 혼자 사는 나로 창조하지 않으셨습니다.

아담을 창조하신 이후에 하와를 통해서 관계적인 즐거움을 경험하며 행복한 삶을 누리도록 허락하셨습니다. 두 사람이 함께 관계적인 즐거움을 경험하는 것은 행복을 느낄 수 있는 굉장히 중요한 영적인 원리라고 할 수 있습니다.

하나님은 말씀과 예배의 능력을 통해서 회복을 경험하시기를 원하시지만, 또한 인간관계를 통한 회복을 주십니다. 혼자 누리는 즐거움도 필요하지만 혼자 있어도 마음이 건강하고 정서적인 연결성이 있는 것이 아주 훌륭한 마음 상태입니다. 그러나 고립되어 있고 누군가 없으면 안 될 것 같은 밀착된 관계는 불편한 마음입니다.

적절한 관계는 즐거움을 주지만 사람에 대한 왜곡된 시선은 상처를 줍니다.

내면아이 사랑 세미나를 진행하면서 가장 위로와 회복을 경험하는 순간은 서로가 마음을 열 때입니다. 크리스천도 마찬가지입니다.

하나님과 나만 있어서 되는 게 아닙니다.

함께 하면서 선한 영향력이 흘러가야 합니다. 그러기 위해서는 마음이 수용적이면서도 여유로움이 있어야 합니다. 사람에 대한 마음이 열려 있지 않으면 새로운 관계적인 즐거움에 대한 가능성은 좋아질 수 없습니다.

g. 자기수용

자신의 상처와 아픔을 부인하지 않고 그것을 받아들이는 것은 회복의 마지막 원리라고 해도 과언이 아닙니다. 요즘은 관계적인 어려움을 여러 패턴에서 찾아볼 수 있습니다. 자신의 아픔과 상처 즉, 마음에 있는 내면아이를 그대로 받아들일 수 있어야만 상대방도 있는 그대로 받아들일 수 있습니다.

40대 여성으로서 직장생활을 하는 H 씨는 남편과의 관계적인 어려움으로 갈등을 겪고 있었습니다. 남편에 대해서 분노가 느껴질 때마다 견딜 수 없었습니다. 그래서 갈등을 풀어가는 방식이 격하게 싸움을 하는 것이었습니다. 신앙생활을 하면서 말씀도 듣고 기도도 열심히 하지만, 남편이 늦게 들어오거나 자기 말대로 따라주지 않으면 심한 무시감을 느꼈습니다. 그리고 이런 감정을 느끼게 한 남편이 용서가 안 되니 분노는 극에 달했습니다.

그런데 상담을 통해서 어릴 때부터 자신을 함부로 대했던 아버지에게 느꼈던 감정이 남편에게 동일시하고 있다는 것을 알아차렸습니다. 자기 개방을 통해서 자신의 어릴 적 상처에 대해 이야기했습니다.

아버지는 고등학교 선생님이셨습니다. 아버지는 공부 잘하는 자식만이 자식으로서 가치 있다고 말했습니다. 하지만 자신은 그런 아버지의 기대를 채울 수 없었습니다. 자신은 공부를 잘하는 딸이 아니었기 때문에 아버지로부터 가치 있는 딸이라고 생각하지 않았습니다.

"아버지는 졸고 있는 저를 엄청나게 구타하셨어요. 공부하다가 조는 것이 이렇게까지 얻어맞아야 하는 일인가요? 그때의 아버지 표정을 잊을 수 없어요. 정말 짐승 같았어요. 그리고 저를 무시하는 아버지를 용서할 수 없어요."

H 씨는 자신의 감정을 중요한 사람으로부터 수용 받은 경험이 없었습니다. 그래서 자신이 왜 이렇게까지 누군가로부터 인정받기 위해서 노력하고, 인정욕구에 목마르며, 자신이 기대했던 만큼 상대방의 반응이 없으면 화가 나는지 지금까지 모르고 살았습니다.

그러니 결혼생활을 하면서도 남편에게 칭찬을 받기 위해 엄청나게 노력했고 남편의 반응이 자신의 기대만큼 되지 않으면 항상 화가 났었던 것입니다. 그리고 그 내면에는 남편이 나를 무시하는 것 같다는 생각 때문이었습니다.

"당신 나 무시하는 거야!"

주로 남편에게 했던 말입니다.

H 씨는 아버지에 대한 분노의 감정을 정화해야만 했고, 남편과

의 관계에서도 부정적인 영향을 주었던 마음을 풀기 시작했습니다.

"저는 무시당하고 자라온 나의 내면아이를 무시하고 살았어요. 마음속 내면아이가 얼마나 힘들었는지 제가 신경을 쓰지 못했어요. 얼마나 외로웠는지 얼마나 분노로 똘똘 뭉쳤었는지 내면아이를 신경 쓰지 못한 것에 대해서 내가 나에게 용서를 구해야 할 것 같아요."

자신이 자기를 수용하고 내면아이와 화해를 하는데 뜨거운 눈물을 흘렸습니다. 단순히 감정을 느껴서 흘리는 눈물이 아니었습니다. 뱃속 깊은 곳에서부터 터져 나오는 눈물이었습니다.

그런데 정말 신기하게도 내면아이에게 용서를 구하고 자기를 수용하면서부터 마음의 변화가 일어나기 시작했습니다.

우리 아버지가 그래도 최선을 다해서 나를 키우셨다는 생각이 들기 시작했습니다. 아버지도 사랑을 크게 받고 자란 분이 아니었기 때문에, 나한테 그렇게밖에 하지 못했고 아버지도 피해자였다는 생각이 들었습니다.

그리고 H 씨는 마음으로부터 아버지가 용서되었다고 했습니다. 그리고 남편이 편안하게 느껴지게 되었다고 했습니다. 내면아이와 화해를 하니, 남편을 있는 모습 그대로 받아들이기 시작한 겁니다.

그동안 기도를 하긴 했지만, 말씀으로 내면아이와 교제를 하는 것을 몰랐습니다. 말씀이 내면아이와 만나기 시작하니 그때부터 역사가 일어나고 가정에는 평화가 일어났습니다.

저는 H 씨와 상담을 진행하면서 언제부터 이분의 변화와 치료가 시작되었는지를 생각했습니다.

그 시작은 자기 개방이었습니다.

자기 개방에서부터 자기수용까지 단계적으로 무조건 이루어지는 것은 아니지만 자기 개방을 시작하면서부터 치유와 회복이 시작되었습니다.

두 번째 키워드
자기 환영 태도 갖기

"자기 자신이 자기를 사랑하지 않으면
누가 사랑할 수 있겠어요?"

어떤 일을 할 때, 그리고 계획하고 도전할 때 자신에게 용기를 내라고 말할 수도 있어야 하고, 자신을 달래보기도 하고, 열심히 하면서 자신을 지지할 수 있는 것은 무엇보다 자기 자신이어야 합니다. 그런 마음을 다른 사람을 통해서 채우는 것도 경우에 따라서 필요하겠지만, 무엇보다 자기 스스로 자신에게 좋은 부모 역할을 해야 합니다.

"그래. 할 수 있어!"

"실수해도 괜찮아! 용기를 가져!"

"두려워할 것 없어. 다른 사람들도 이런 상황에서는 두려워하거든.
그러니까 지금 두려워하는 것은 정상인 거야."

자기가 자신에게 좋은 부모 역할을 하는 것은 좋은 양육 태도를 보이고 지속해서 내면아이를 성장시키는 과정입니다. 그런데 자신에 대해 자기 환영 태도가 부족하면 생각으로는 변화를 원하지만, 행동은 생각만큼 뒤따르지 못하는 불일치적인 모습을 보이게 됩니다.

상담하면서 느끼는 점은 사람들은 어떤 문제를 극복하고 해결하기 위해서 결과 중심적으로 생각한다는 것입니다.

"그래서 내가 어떻게 하면 되는 거예요?"

주로 이런 말을 많이 합니다. 물론 어떤 방법을 찾고 결과를 얻는 것도 중요합니다. 그러나 무엇보다는 자기 자신에 대한 환영적인 태도를 보이고 좋은 양육 태도를 유지하는 것이 무엇보다 중요합니다. 그런 것이 없는 상태에서 어떤 방법만 찾게 된다면, 그 방법이 통하지 않으면 또 다른 방법을 찾으려고 할 것입니다.

상담을 진행하면서 일부로 자신에 대해서 응원의 메시지를 스스로 해 보라고 요구할 때가 있습니다.

"넌 할 수 있어."

"지금까지 잘 해왔던 것처럼 앞으로도 잘 할 수 있을 거야."

이렇게 이야기를 하면서 기분이 어떠냐고 물어보면 자기 스스로 용기를 가지라고 말하면서 지낸 적은 거의 없다는 반응을 보입니다.

자신을 무엇보다 많이 사랑해야 합니다. 하나님도 자신을 사랑하는 마음 즉, 자신에 대해서 자기 환영적인 태도의 마음을 가진 사람에게 더 큰 은혜를 주십니다.

세 번째 키워드
나에게 말하는 열린 대화법

자신과 열린 대화를 하는 것은 내면아이를 성장시키는 아주 좋은 과정입니다. 가족치료사 사티어는 가족과의 관계에서 순기능적인 관계를 위해서는 '일치적 의사소통'을 해야 한다고 말합니다.

일치적 의사소통이란 것은 나에 대해서 합리화를 하지 않고 내가 느끼는 감정과 생각에 대해서 객관적으로 생각해보는 대화방식을 의미합니다.

사람은 기본적으로 자신이 했던 일에 대해서 틀렸다고 생각하지 않으려는 경향이 굉장히 강합니다. 그러나 어쩌면 내가 생각했던 방식이나 선택 여부가 틀렸을 수도 있었다는 생각을 객관적으로 해 보는 습관을 의도적으로 해봐야 합니다. 내가 무엇 때문에 그렇게까지 화를 냈는지, 무엇 때문에 사람을 피하려고 하는지 등을 생각하고 객관적인 마음의 대화를 해야 합니다.

사티어가 말하는 '일치적 의사소통' 방식을 저는 '열린 대화'라고 표현하고자 합니다. 내면아이는 혼자 힘으로는 열린 대화를 하려고 하지 않을 겁니다. 내면아이도 그냥 아이일 뿐입니다.

지금의 '나'를 가리켜서 '성인 자아'라고 하는데, 성인 자아가 내면아이에게 말을 걸어야 합니다. 그러면 내면아이가 무엇 때문에 그렇게 화가 났는지, 그리고 무엇을 그렇게 원하는지 마음속에서 말을 해줄 겁니다. 그 말을 자세히 들어보아야 합니다.

예를 들면, 저는 개인적으로 아내가 혼자 자기만의 시간을 보내고 있을 때 화가 날 때가 있습니다. 처음에는 왜 그렇게까지 화가 나는지 도무지 이해되지 않았습니다. 솔직히 왜 그런 상황이 되면 화가 나는지에 대해서 생각하지도 않았습니다. 그냥 기분이 나빴기 때문에 아내에게 화를 낼 때가 있었습니다.

그래서 지금 성인 자아인 내가 내 마음속에 있는 내면아이와 대화를 신청했습니다.

"무엇 때문에 그렇게 화가 났니?"

"무엇 때문에 그렇게 마음이 힘들었니?"

내면아이가 지적받는 느낌이 아니라 너를 이해할 수 있다는 마음으로 말을 걸었습니다. 내면아이가 성인 자아인 나에게 "그냥 혼자 있는 게 싫어"라는 마음의 소리를 냅니다. 혼자 있는 느낌이 들 때면 왠지 화가 나고 불안함이 느껴지는 내면아이를 경험하고 있었습니다. 그리고 보니 저는 어머니가 저를 두고 집을 나갈까 봐 마음이 불안해하며 어린 시절을 보냈습니다. 그래서 소중한 사람으로부터 버림받을 것 같은 두려움이 있었고, 두려움을 느끼게 하는 엄마에게 분노가 있었던 사실을 살아오면서 전혀 인식하지 못하고 지냈습니다.

내면아이가 제게 "나는 혼자 있고 싶지 않아", "혼자 있으면 버림받는 기분이야"라는 목소리로 내 마음에서 들려질 때 "그렇구나. 네가 그때 화가 났구나", "네가 그때 얼마나 화가 났는지, 얼마나 슬퍼했는지, 얼마나 불안해했는지 몰랐었어"라고 내면아이와 대화를 스스로 나누었습니다.

그런데 이런 열린 대화를 하면 할수록 이상하게 마음에서 위로받는 경험을 하는 겁니다. 내가 아무리 생각하고 원인을 밝히려고 노력해도 알지 못했던 마음을 대화를 통해서 이해하게 되었습니다. 그런 대화를 하니 마음이 안심되는 겁니다.

그리고 나에 대한 새로운 생각이 만들어집니다.

"그래. 지금의 느낌은 사실이 아니야. 거짓된 사실이야."

이런 생각이 아내의 시간을 존중하게끔 새로운 습관으로 이어지게 되었습니다. 나의 내면아이가 성장하니 지금의 삶에 긍정적인 영향을 미칩니다.

많은 사람이 느끼는 감정이 기분 나쁘면 바로 어떤 반응으로 보입니다. 그렇게 되면 내면아이가 성장하지 않습니다.

내면아이와 성인 자아가 열린 대화를 해야 합니다. 대화는 날마다 해야 합니다. 특히 마음에서 불편함이 느껴질 때마다 대화하셔야 합니다. 물론 한 번에 되지 않습니다. 그렇다고 완벽하게 되지도 않습니다. 그러나 대화를 한번도 시도해보지 않으면 내면아이의 성장은 없습니다. 지속적으로 인내하면서 대화를 나눠야 합니다. 그리고 하나님의 말씀으로 그 내면아이에게 영적인 영양분을 공급해주셔야 합니다.

> 두려워하지 말라 내가 너와 함께 함이라 놀라지 말라 나는 네 하나님이 됨이라 내가 너를 굳세게 하리라 참으로 너를 도와 주리라 참으로 나의 의로운 오른손으로 너를 붙들리라 (이사야 41:10)

저의 내면아이에게 자주 해주는 말씀입니다.

"그래. 승연아. 두려운 마음을 알고 있어.
 놀란 마음도 알고 있어.
 그러나 하나님이 계시니까 용기를 가져보자."

내면아이가 말씀으로 열린 대화를 하니 하나님이 함께 하시는 평온을 경험합니다. 하나님의 사랑이 경험되니 미래가 불확실하더라도 한 걸음 한 걸음 믿음의 삶을 살 수 있는 용기가 생깁니다.

네 번째 키워드
새로운 마음 규칙 만들기

    내면아이와 대화를 나누는 것을 가리켜서 '열린 대화'라고 말씀 드렸습니다. 열린 대화가 중요한 이유가 한 가지 더 있습니다.

    그때의 내면아이는 세상을 살아가는 방식이나 생각의 습관들을 통해 만들어진 자아입니다. 그때 거기서 충분한 공감과 수용을 받지 못하면 아이는 아이 수준대로의 삶의 방식을 만들게 됩니다. 그것이 내면의 규칙이 되어서 세상을 살아가는 방식이 되었습니다. 특히 실수하면 안 된다는 내면의 규칙을 가진 사람들이 의외로 많습니다.

a. 실수해도 괜찮아

    내면아이는 실수하지 않고 완벽하게 일을 해야만 누군가로부터 사랑과 인정을 받을 수 있다는 마음의 조정을 합니다. 그러나 의식적으로 '실수해도 괜찮다'라는 새로운 마음의 규칙을 만들고 그렇게 해 보기 위해서 의도적인 노력을 해야 합니다.

6. 느껴도 괜찮아

또한 모든 감정은 소중한 것이기 때문에 무조건 긍정적인 감정만을 수용하려고 해서도 안 됩니다. 우리는 부정적인 감정에 대해선 느끼지도 못하고 말하지도 못하도록 무의식적으로 강요받으며 자라왔습니다.

어릴 때부터 울면 "뚝!"하고 엄마로부터 소리를 들었습니다. 그렇게 되면 아이는 어떤 속상한 일이 있어서 울거나 괴로운 일이 있어서 마음으로 표현을 해도 그런 부정적인 감정과 생각을 수용 받은 경험이 없다 보니까 자기도 모르게 부정적인 감정에 대해선 느끼려고 하지 않습니다.

나의 감정을 억압하면 분노만 남습니다.

마음으로는 분노가 났지만, 자기가 분노가 있다는 사실도 모른 채로 착하고 말 잘 듣는 순응하는 사람처럼 보입니다. 겉으로는 착하고 밝은 것 같지만 마음으로는 분노가 가득한 상태라는 것을 주변 사람들은 미처 모릅니다.

우리는 좋지 않다고 생각하는 부정적인 감정도 수용해야 합니다. 긍정적인 감정만이 하나님이 역사하는 감정이 아닙니다. 부정적인 감정도 잘 다루고 관리하면 비정상적인 방식으로 분노를 표현했던 것을 멈추고 다른 방향으로 전환하게 됩니다.

c. 놀아도 괜찮아

우리는 무엇을 열심히 해서 좋은 어떤 열매를 거둬드려야만 사랑과 인정을 받을 수 있다고 생각하는 경향이 있습니다. 그래서 내면아이가 '무엇을 해야 한다'고 생각하는 심리적인 슈드(should)를 갖고 있습니다. '무엇을 해야 한다'라는 생각에서 벗어나지 못하면 계속해서 일만 하려고 합니다. 그렇다고 일의 효율이 높은 것도 아닙니다. 의도적으로 내면아이에게 '놀아도 괜찮아'라고 말을 해주셔도 좋습니다.

저는 '무엇을 해야 한다'라는 생각에서 벗어나지 못하면서 지내왔습니다. 그래서 놀면서 즐긴다는 것이 무엇인지 잘 몰랐습니다. 결혼해서도 '무엇을 해야 한다'라는 생각에서 벗어나지 못하니까 아내와 놀러 가지도 않고 공부하고 준비하느라 바쁘기만 했습니다. 겉으로는 아내에게 다 우리 가정과 미래를 위한 것이라고는 말했지만 마음에서는 '무엇을 해야 한다'라는 내면의 목소리를 따른 것이었습니다.

반면 아내는 사람들과 즐기면서도 자기 일에 대해서 충분히 잘 해냈습니다. 순간 저는 이런 생각이 들었습니다.

"이게 뭐지? 나는 왜 못 놀지?"

충격이었습니다.
놀아도 괜찮다는 것은 무조건 생각 없이 놀라는 것이 아닙니다.
생각을 느슨하게 하고 사는 것입니다.

느슨하게 생각만 해도 가족들과 할 수 있는 일이 많았습니다. 중요한 것은 이런 생각의 시작은 아내의 모습을 통해 느꼈던 작은 변화였습니다. 작은 변화는 반드시 큰 변화로 이어지는 법입니다.

d. 이만하면 괜찮아

자신의 한계를 받아들이는 일은 용기가 필요합니다.

상처받은 내면아이는 사랑, 칭찬, 즐거움, 음식이 턱없이 부족하다고 계속해서 요구합니다. 그런데 상대방이 주는 사랑에 대해서도 너무 과하게 요구하게 되면 상대방은 지치게 되고 멀어지게 됩니다.

상대방을 있는 그대로 받아들이는 현실적인 생각이 필요합니다. 그러기 위해서는 내면아이에게 한 가지 명령을 할 필요가 있습니다.

"이만하면 괜찮아."

누군가를 기대하는 것은 좋지만 그 사람이 나의 부족한 것을 모두 채울 수 있다는 환상적인 생각을 가지면 실망이 커지고 갈등의 골이 깊어 집니다. 상대방을 있는 그대로 받아들이는 현실적인 생각을 해야 합니다.

e. 과한 책임감에서 벗어나기

내면아이가 성장이 안 되어 있으면 책임감이 너무 지나칩니다. 자신은 해야 할 도리를 다하는 것뿐이라고 생각합니다. 이런 자연스러운 생각이 무의식적으로 내면아이에게 조정당하는 것입니다.

책임감이 지나치면 다른 사람을 통제하려고 하는 충동성도 자꾸 일어납니다. 그래서 자기 스스로도 자신의 지나친 책임감에 대해서 인식을 해야 합니다.

책임감을 느끼고 자기 일을 하는 것은 좋은 태도입니다. 그러나 적절해야 합니다. 자기에게 쉼을 주지도 못하고 다른 사람에게 수시로 연락하는 등 다른 사람이 그렇게 하라고 시키지도 않았는데 스스로 그렇게 과하게 책임을 다하게 되면 결국 주위에 아무도 없게 만드는 일입니다.

새로운 규칙을 배운다는 것은 그동안 익숙했던 삶의 방식을 바꾼다는 것입니다. 인간은 익숙한 것을 선호하는 경향이 있습니다. 익숙한 것을 선택해야만 편하기 때문입니다. 생각과 마음의 습관도 그렇습니다. 내면아이에게 익숙했던 방식이 있습니다. 그 익숙한 방식을 거꾸로 도전하는 겁니다. 처음에는 내면아이가 어색해서 어쩔 줄 모를 겁니다. 그러나 용기를 갖고 계속해서 도전해야 합니다. 한 번에 되지는 않습니다. 지속적으로 인내심을 갖고 용기를 내서 새로운 규칙에 도전하십시오. 하나님께서 함께 하실 겁니다.

다섯 번째 키워드
운동 시작하기

마음과 신체는 하나입니다. 신체가 건강하지 않은데 마음이 건강할 리 없고, 마음이 건강하지 않은데 몸을 움직일 수 없습니다. 뭉친 마음을 빨리 푸는 방법으로 운동을 추천하고 싶습니다.

사역하면서 쉽지 않은 일들이 있었습니다. 특히 관계적으로 갈등은 피치 못할 어려움이었습니다. 솔직히 말씀을 드리면 갈등의 대상이 담임목사와의 관계였습니다. 정말 쉽지 않았습니다. 새벽에 교회를 출근할 때 정말 지옥에 가는 듯한 느낌을 매일 같이 경험했었습니다. '어떻게 해야 하나?' 하는 생각에서 자유로운 날이 없었습니다.

지금 생각해보면 아무것도 아닌 일처럼 말할지 몰라도, 그때에는 견디기 버거울 정도였습니다. 그래서 권투를 시작했습니다. 그냥 스트레스를 풀고 싶고 다이어트를 하고 싶은 마음으로 시작을 했는데 샌드백을 칠 때마다 마음의 응어리가 풀어지는 것 같았습니다. 그렇게 운동을 하고 나면 마음의 신경증적인 긴장도 풀리고 새롭게 다시 해 보자는 생각이 들었습니다.

저와 친분 있게 지내는 상담학 교수님은 등산을 즐겨하십니다. 정기적으로 산에 오르면서 몸과 마음을 정리하는 겁니다. 그는 등산 시간이 오직 나의 시간이고 나를 느낄 수 있는 시간이라 합니다.

우리에게도 이런 경험이 필요합니다.

운동했기 때문에 내면아이가 성장하는 것만은 아닙니다. 그러나 통합적으로 생각해야 합니다. 운동을 통해서 기분을 전환하는 것이 단순하게 보이는 것 같지만, 일종의 이탈 행동입니다.

이탈 행동은 탈선을 의미하는 것이 아닙니다.

사람은 여러 가지 감정을 느끼면서 살 것 같아도 그렇지 않습니다. 신체도 그렇습니다. 몸의 신체 기관 전부를 활용하면서 지낼 것 같아도 그렇지 않습니다.

내가 사용하는 감정과 익숙한 신체만 사용합니다.

몸의 활동 부위가 제한되었다는 의미입니다. 그러다 보니 마음도 굳어지고 몸도 굳어집니다. 몸과 마음이 굳어지면 생각도 유연해지지 않습니다.

이탈 행동을 통해서 새로운 기분을 느껴보고 신체적인 움직임을 활성화하는 것이 중요합니다. 사실 멀리 어느 곳을 떠났기 때문에 기분전환이 무조건 되는 것은 아닙니다.

현재의 삶에서 내가 기분을 전환할 수 있는
이탈 행동을 찾아보는 것도 중요합니다.

여섯 번째 키워드
상담을 받아도 좋은데

상담을 받는 것은 결코 부끄러운 일이 아닙니다. 물론 나에 관한 이야기를 누구에게 말을 한다는 것이 어색하고 용기가 필요하기도 합니다. 정서적인 어려움을 극복하기 위해 상담에 대한 유튜브 채널을 통해서, 아니면 상담에 관한 책을 통해서 노력하는 분들을 종종 만나봅니다. 물론 그런 노력도 필요합니다. 무의미하다는 것이 아닙니다.

그러나 전문가들의 손길이 필요한 정서적인 영역이 있습니다.

괜히 전문가가 아닙니다.

우리나라는 아직 "혹시 내가 상담을 받는다고 사람들이 이상하게 생각하면 어떻게 하지?"라는 선입견이 있습니다. 특히 크리스천들은 사람에게 가서 이야기한들 문제가 해결되는 것이 아니고, 하나님께 기도해야 한다고 생각합니다.

그래서 상담을 받는 것을 인간에게 의존하는 것으로 생각을 해서인지, 신앙적으로 죄책감을 가지는 경향이 있는 분들도 있습니다.

사람을 신뢰하지 못하는 사람은
하나님을 온전히 섬길 수 없습니다.

기도와 말씀으로 하나님을 만나는 것이 본질입니다. 그러나 본질적인 하나님을 만나기 위해서는 정서적인 돌봄이 필요합니다. 특히 상담가가 기독교 신앙을 가지고 상담을 하는 것은 중요하다고 생각합니다. 마음의 문제를 풀어가면서 더 큰 하나님을 만나야 하는 통로로 상담가가 쓰임 받을 수 있기 때문입니다.

요즘은 시대적으로 마음의 돌봄이 필요한 시대가 되었습니다. 교회에서 신앙생활을 하는 성도들의 삶의 필요가 무엇인지 교회는 주의 깊은 관심을 가져야 합니다. 출세나 성공을 위해서 또는 생활의 의식주를 해결하기 위해서 신앙생활을 하는 분들도 있지만 가족의 문제, 우울, 불안, 애정결핍, 이혼, 중독 등 정서적인 어려움에 관한 문제를 해결하고 싶은 마음으로 하나님을 찾는 경우가 많습니다. 그리고 불안정한 상황에서 앞으로 미래를 어떻게 준비할지에 대한 진로의 어려움을 가진 분들도 있습니다.

이런 필요를 채워주기 위해서는 교회도 상담 전문기관과 협력관계를 이루어서 성도들을 돌봐야 하는 목회적 방향성을 추구할 필요가 있습니다.

저는 교회에서 오랫동안 사역을 해왔습니다. 학교에서 학생들에게 상담을 가르칩니다. 물론 상담도 하고 있습니다. 그런데 이런 여러 경험을 통해서 느끼는 것은 정서적인 경험은 곧 하나님과의 관계까지 이어진다는 것입니다.

내면아이가 가지고 있는 생각하는 방식은 곧 하나님과의 관계로 그대로 이어지게 됩니다.

마음의 돌봄은 영적인 성장으로 이어질 수 있습니다.
영성과 심리는 함께 성장해야 합니다.
따로 분리하면 부작용이 일어납니다.

Epilogue

나에게, 미안했다고 말해주세요

에필로그

나에게, 미안했다고 말해주세요

　마음에 상처가 있다는 것은 결코 부끄러운 상태가 아닙니다. 상처가 있지만, 상처에 대해서 어떻게 반응하느냐가 더 중요합니다. 다시 말해서 내 마음에 있는 내면아이를 돌봐주는 과정에 충실히 하는 것이 더 중요하다는 말입니다. 내면아이가 없는 사람은 없습니다.

　대부분 사람은 상처받은 채로 그대로 살아갑니다. 자신의 아픔을 숨기고 그대로 방치한 상태로 훌륭한 성인이 되려고 합니다. 나의 내면의 상태가 어떤 상태인지 관심도 없는 채 주어진 환경에서 적응하려고 노력하면서 지냅니다. 좋지 않은 환경에서 "모든 것이 잘 될 거야. 힘내!"라고 주문을 외우듯 외치고 노력하다가도 어떤 계기에 마음의 공허함을 경험합니다.

　심지어는 하나님을 섬기는 관계에서도 아버지와 자녀와의 관계가 아니라 종교적으로 무조건 열심히 하면 하나님을 만날 수 있다고 생각합니다. "교회에 더 열심을 내서 봉사하고 헌신하면 하나님이 축복해주실 거야"라고 말하면서 종교적 행위에 몰두하게 됩니다.

성경에서 말씀하는 믿음은 하나님과의 관계입니다. 내면아이는 결국 하나님의 말씀과 교제를 나눌 때 영적인 성숙으로 이어질 수 있습니다. 요즘 들어 느끼는 것이 있다면, 아파하는 크리스천들이 너무 많다는 것입니다. 아무리 기도하고 아무리 말씀을 봐도 도무지 해결되지 않는 정서적인 어려움 때문에 하나님께 가까이 가야 하는 줄은 알지만, 마음에서는 너무 버겁게 느끼고 있는 크리스천들이 많이 있습니다.

내면아이와 교제하고, 말씀으로 나누어야 합니다.

내면아이가 그대로 머물러 있는 상태에서는 성숙한 믿음을 기대할 수 없습니다. 교회에서는 봉사와 헌신을 하는 아버지이지만 정작 집에서는 폭군인 아버지, 다른 사람들에게는 법 없이도 살 수 있는 사람이라고 칭찬받는 아버지이지만 정작 자녀들에게는 학대하는 아버지, 혼자 있는 것이 편해서 자녀들이 같이 있으려고 하면 귀찮게만 느껴지는 어머니, 미래가 불안하고 생각했던 대로 삶이 열리지 않으면 음란행위에 유혹당하는 청년들, 종일 방에서 나오지도 않고 오락만 하는 청소년들 등 이런 문제들이 믿는 사람이라고 해서 결코 상관없는 일이 아닙니다.

또한 자녀들과의 관계에서 정서적인 돌봄이 무엇인지 몰라서 좋은 부모로서 역할은 하고 싶지만, 관계적인 갈등의 골이 자꾸 깊어지는 부모들도 있습니다.

제가 한 가지 확실히 말씀을 드릴 수 있는 것은 정서적인 문제는 결코 나이와 상관이 없다는 것입니다.

마음은 우리의 생명의 시작입니다. 그래서 잠언 4장 23절에 "모든 지킬만한 것 중에 더욱 네 마음을 지키라 생명의 근원이 이에서 남이니라"라고 말씀하셨습니다. 마음이 얼마나 중요한지 성경에서는 생명의 근원이라고 말씀하셨을 정도입니다.

마음은 곧 내면아이입니다.

여러분. 내면아이의 성장은 결코 결과 중심으로 생각하면 안 됩니다. 과정으로 생각해야 합니다. 학교에서 상담과목 몇 과목을 수강했기 때문에 내면아이가 성장하는 것은 아닙니다. 기도 몇 번 했다고 내 마음이 새로워지는 것도 아닙니다. 비타민을 한 번 복용했다고 해서 그다음 날 모든 병이 사라지는 것은 아니듯, 내면아이와 교제를 나누는 것도 마찬가지입니다. 내면아이의 마음을 읽어주고 관계하고 다루게 될 때 밝은 미래가 보장된 현재를 살아갈 수 있습니다.

결국 사람이 원하는 것은 위로와 격려입니다.
그때 거기서 미해결된 감정을 품던 내면아이가
현재의 삶에 영향을 미치고 있습니다.

내면아이가 자라면
현재의 삶을 힘있게 살아갈 수 있습니다.

제 글을 읽는 과정에서 어떤 것들을 경험하셨나요? 여러분의 삶에 밝은 것들이 준비되고 인도되기를 바라는 마음으로 글을 적었습니다. 그리고 더 나아가 여러분 안에 있는 내면아이가 말씀으로 양육되어 진리의 말씀으로 자유함을 경험하기를 소망합니다!